Negociação e conflito

www.editorasaraiva.com.br

Francisco Gomes de Matos

Negociação e conflito

Editora Saraiva

Editora Saraiva

Rua Henrique Schaumann, 270
Pinheiros – São Paulo – SP – CEP: 05413-010
Fone PABX: (11) 3613-3000 • Fax: (11) 3611-3308
Televendas: (11) 3613-3344 • Fax vendas: (11) 3268-3268
Site: http://www.editorasaraiva.com.br

Filiais

AMAZONAS/RONDÔNIA/RORAIMA/ACRE
Rua Costa Azevedo, 56 – Centro
Fone/Fax: (92) 3633-4227 / 3633-4782 – Manaus

BAHIA/SERGIPE
Rua Agripino Dórea, 23 – Brotas
Fone: (71) 3381-5854 / 3381-5895 / 3381-0959 – Salvador

BAURU/SÃO PAULO (sala dos professores)
Rua Monsenhor Claro, 2-55/2-57 – Centro
Fone: (14) 3234-5643 – 3234-7401 – Bauru

CAMPINAS/SÃO PAULO (sala dos professores)
Rua Camargo Pimentel, 660 – Jd. Guanabara
Fone: (19) 3243-8004 / 3243-8259 – Campinas

CEARÁ/PIAUÍ/MARANHÃO
Av. Filomeno Gomes, 670 – Jacarecanga
Fone: (85) 3238-2323 / 3238-1331 – Fortaleza

DISTRITO FEDERAL
SIA/SUL Trecho 2, Lote 850 – Setor de Indústria e Abastecimento
Fone: (61) 3344-2920 / 3344-2951 / 3344-1709 – Brasília

GOIÁS/TOCANTINS
Av. Independência, 5330 – Setor Aeroporto
Fone: (62) 3225-2882 / 3212-2806 / 3224-3016 – Goiânia

MATO GROSSO DO SUL/MATO GROSSO
Rua 14 de Julho, 3148 – Centro
Fone: (67) 3382-3682 / 3382-0112 – Campo Grande

MINAS GERAIS
Rua Além Paraíba, 449 – Lagoinha
Fone: (31) 3429-8300 – Belo Horizonte

PARÁ/AMAPÁ
Travessa Apinagés, 186 – Batista Campos
Fone: (91) 3222-9034 / 3224-9038 / 3241-0499 – Belém

PARANÁ/SANTA CATARINA
Rua Conselheiro Laurindo, 2895 – Prado Velho
Fone: (41) 3332-4894 – Curitiba

PERNAMBUCO/ ALAGOAS/ PARAÍBA/ R. G. DO NORTE
Rua Corredor do Bispo, 185 – Boa Vista
Fone: (81) 3421-4246 / 3421-4510 – Recife

RIBEIRÃO PRETO/SÃO PAULO
Av. Francisco Junqueira, 1255 – Centro
Fone: (16) 3610-5843 / 3610-8284 – Ribeirão Preto

RIO DE JANEIRO/ESPÍRITO SANTO
Rua Visconde de Santa Isabel, 113 a 119 – Vila Isabel
Fone: (21) 2577-9494 / 2577-8867 / 2577-9565 – Rio de Janeiro

RIO GRANDE DO SUL
Av. A. J. Renner, 231 – Farrapos
Fone: (51) 3371- 4001 / 3371-1467 / 3371-1567 – Porto Alegre

SÃO JOSÉ DO RIO PRETO/SÃO PAULO (sala dos professores)
Av. Brig. Faria Lima, 6363 – Rio Preto Shopping Center – V. São José
Fone: (17) 3227-3819 / 3227-0982 / 3227-5249 – São José do Rio Preto

SÃO JOSÉ DOS CAMPOS/SÃO PAULO (sala dos professores)
Rua Santa Luzia, 106 – Jd. Santa Madalena
Fone: (12) 3921-0732 – São José dos Campos

SÃO PAULO
Av. Antártica, 92 – Barra Funda
Fone PABX: (11) 3613-3666 – São Paulo

381.316.001.001

ISBN 978-85-02-22017-1

CIP-BRASIL. CATALOGAÇÃO NA FONTE
SINDICATO NACIONAL DOS EDITORES DE LIVROS, RJ.

M381n

Matos, Francisco Gomes de, 1933-

Negociação e conflito / Francisco Gomes de Matos. - 1. ed. - São Paulo : Saraiva, 2014.

248 p. ; 24 cm.

ISBN 978-85-02-22017-1

1. Negociação. 2. Administração de conflitos. I. Título

13-07035 CDD-658.401
CDU-65:316.47

Direção editorial	Flávia Alves Bravin
Coordenação editorial	Rita de Cássia da Silva
Editorial Universitário	Luciana Cruz Patricia Quero
Editorial de Negócios	Gisele Folha Mós
Produção editorial	Daniela Nogueira Secondo Rosana Peroni Fazolari
Produção digital	Nathalia Setrini Luiz
Suporte editorial	Najla Cruz Silva
Arte e produção	2 estúdio gráfico
Capa	Valter Botosso Junior
Produção gráfica	Liliane Cristina Gomes
Impressão e acabamento	Gráfica Salesianas

Contato com o editorial
editorialuniversitario@editorasaraiva.com.br

1ª edição

Sobre o autor

Francisco Gomes de Matos é consultor em Administração e negócios, com vários títulos de reconhecimento pela classe. Autor de 33 livros, com foco em cultura corporativa, liderança integrada e estratégia consensual, áreas em que concentra sua atuação. Em suas práticas de consultoria, dá ênfase especial à Negociação e Gestão de Conflitos, atuando frequentemente como mediador em conflitos de liderança empresarial. Foi consultor especial do Ministro do Trabalho no período de "abertura das negociações sindicais", durante cinco anos. Prestou consultoria à Presidência da Confederação Nacional da Indústria, nas áreas de gestão e negociação. Recebeu a Ordem Nacional do Mérito do Trabalho pelo Governo Federal; o Prêmio Jabuti pela Câmara Brasileira do Livro; a Medalha Tiradentes pela Assembleia Legislativa do Rio de Janeiro; o título de Cidadania Carioca pela Câmara Municipal do Rio de Janeiro; o Prêmio Belmiro Siqueira pelo Conselho Federal de Administração (CFA). Foi patrono e paraninfo de várias turmas de graduação e pós-graduação em Administração. Conselheiro da Pontifícia Universidade Católica do Rio de Janeiro (PUC-Rio) por seis mandatos. Criou o Conselho de Ética e Responsabilidade Social na Associação Comercial do Rio de Janeiro. É membro da Academia Brasileira de Ciência da Administração.

Contato com o autor:
fqmatos@editorasaraiva.com.br

Apresentação

O conflito é uma das realidades que mais mobilizam o ser humano e mais impactam a sociedade, sem que se desenvolvam efetivamente estratégias preventivas e proativas para redirecionar energias aos acordos mutuamente relevantes e construtivos, sendo o *conflito predador* o mais comum nesse tipo de situação. Isso se dá por inconsciência pedagógica ou obsessiva motivação de poder. As leis do capital econômico, acirrando a concorrência, arriscam-se a contemplar a *selvática diretriz do mais forte*, em detrimento da lógica social e da filosofia da solidariedade.

Conviver implica reconhecer a divergência como realidade existencial, pois está no âmago da relação humana. As diferenças individuais são desafios à compreensão do outro, à tolerância e à disposição de fazer concessões em favor do essencial; assim, deve-se viver a vida com inteligência, ou seja, administrando conflitos de forma permanente. Daí vem a negociação como recurso de humanização e democratização dos relacionamentos. O bem comum é a referência básica.

O segredo do êxito na negociação está em buscar o que nos une, na aceitação das naturais divergências no pensar, no sentir e no hábito peculiar de comportar-se. É uma questão de atitude positiva. Nas palavras de São João da Cruz, grande místico da Igreja, está o que pode ser o princípio básico de negociação: "Onde não há amor, põe amor e colherás amor".

Integração é o termo-chave que abre caminho para a relação estável. A missão da liderança é obter a cooperação espontânea por meio de equipes integradas, com foco em objetivos comuns, no compartilhamento de ideias e na interatividade, por estratégias consensuais, pois cada um é um tipo especial de existência. Saber entender isso é o princípio da verdade no relacionar-se.

São dois os problemas fundamentais nas organizações: a comunicação, que não é um problema de tecnologia informacional, mas de interação humana; e o relacionamento, que é a condição essencial à constituição de equipes consistentes. O instrumento, por excelência, é a negociação. Saber negociar implica querer negociar, por haver consciência da necessidade de negociar. Muitos não estão conscientes disso por ignorância; não querem saber por índole autoritária, ou, ainda, não sabem por desconhecerem a tecnologia negocial.

Este livro procura oferecer subsídios ao estudo e à aplicação dos princípios fundamentais da arte de negociar. Expõe uma metodologia exaustivamente exercitada tanto nos cenários empresarial e sindical brasileiro, quanto em cursos de graduação e pós-graduação.

Esse é um recurso pedagógico para suscitar o pensamento crítico por meio da reflexão do simbólico e subjetivo, essenciais à compreensão dos fatos, e em geral negligenciados pela racionalidade no tratamento dos problemas.

O surgimento da metodologia apresentada aqui foi uma resposta à solicitação do ministro do Trabalho, Murillo Macêdo, da década de 1980, a quem assessorávamos, no momento em que os movimentos sindicais no processo de redemocratização político-social do país despontaram e se intensificaram.

Quando apresentada a primeira versão da metodologia em forma de livro, assim se manifestou o ministro Murillo Macêdo, no prefácio: "Negociar é boa vontade, é boa intenção, é civilização... é arte e técnica ao mesmo tempo", e acrescentou: "Vejo neste livro pioneiro uma contribuição extraordinária à necessária harmonização entre o capital e o trabalho no Brasil".

Desde então, a metodologia e o livro, por força de intensas e sistemáticas aplicações no campo do trabalho, sofreram ampla revisão e atualizações. O mesmo ocorreu nessa edição.

Esperamos do leitor críticas e sugestões que nos permitam aprimorar ainda mais o texto.

O autor.

Negociação criativa e conscientização ecológica

A comunidade dos bichos estava em polvorosa. Todos histéricos, sem liderança, propunham-se às ações mais desvairadas. Queriam sangue! Tudo porque o homem ameaçara pôr fogo na floresta.

Em meio à conturbação, uma voz serena desponta, em princípio tímida e depois enérgica, à medida que obtinha receptividade.

Surpreendentemente, o novo líder era o terno, inofensivo, porém sábio coelho, que incitava a turba a pensar, analisar a situação e encontrar a melhor alternativa.

A raposa, contrariando seu caráter e postura habitualmente agressiva, aterrorizada pela ameaça de extinção, propôs que uma comissão fosse negociar com o homem. A ideia parecia boa e arrancou aplausos.

O coelho, sensato, ponderou: "O homem é arrogante, já demonstrou ter 'ideia fixa', dificilmente estará disposto a conversar. É preciso motivá-lo antes. Vejamos se há alguma ideia para criar seu interesse em negociar".

— "Então", diz a raposa, colérica, "vamos coesos destruí-lo. Dispersos, estamos fracos, unidos acabamos com ele".

O coelho, sereno, procura acalmar os ânimos: "Eles são muitos e bem armados. Se lograrmos êxito outros virão, com força redobrada, pois possuem recursos tecnológicos de que não dispomos. A solução é negociar, mas temos de gerar o clima receptivo. Alguma sugestão?"

A pombinha branca, em voo rasante, pronuncia uma palavra mágica: "ecologia".

Expectativa geral. Ela explica: "a queimada vai destruir de forma irreparável bens que são patrimônio da humanidade. Nesse sentido, seria oportuno sensibilizar a opinião pública. Em vez de procurar inicialmente o homem para negociar, procuremos a mídia para denunciar sua intenção criminosa. Aí, então, quem sabe haja possibilidades para a negociação".

A *campanha motivacional de conscientização,* como foi denominada, teve tamanho êxito que o homem procurou os bichos com mensagem de paz e propostas concretas de convivência harmoniosa. Foi selado o acordo.

Quando há confusão dos espíritos é preciso parar e pensar criativamente.
A negociação criativa é a melhor forma de obter adesões, pois cria o impacto do novo que, em essência, tem força sedutora.
A negociação, que é instrumento de vida, só ganha força vital com ética, criatividade e competência.

Sumário

PARTE I – FUNDAMENTAÇÃO CONCEITUAL

5 Primeiro passo: a abordagem 87

PARTE I

FUNDAMENTAÇÃO CONCEITUAL

1 Negociar emoções

1.1 Negociar significa administrar emoções, prevenir e solucionar conflitos

É comum constatarmos nas organizações contemporâneas que, apesar de intensos esforços, da aplicação de uma teoria correta, de reestruturações bem-intencionadas, e de tecnologia e instrumental administrativos de presumível eficiência, os resultados das negociações podem ser frustrantes. Isso ocorre, em geral, em razão de os indivíduos ignorarem a realidade de que administrar é, essencialmente, gerenciar emoções. O bom relacionamento interpessoal entre os colegas, o clima de confiança e respeito mútuos, a negociação e a busca pelo acordo fazem mais pela produtividade do que estudos sofisticados e modelos requintados.

Uma vez que as condições de afetividade e relacionamento interpessoal estejam instaladas na organização, a teoria e o método, como sistematizações do bom-senso, valem como instrumentos de racionalização e eficiência. O ótimo desempenho se define, em essência, em termos de sentimento. Quando não há interação afetiva, dificilmente manobras artificiais conseguem substituí-la. A organização passa a funcionar como meio de manipulação e opressão, abrindo espaço para o autoritarismo e a disciplina rígida para tentar, sem sucesso – pelo menos a médio e longo prazos –, substituir a negociação e a cooperação. Qualquer êxito se torna efêmero, e a revolta logo se instala.

O clima organizacional saudável, que preserva e estimula o bom relacionamento, gerador de negociações espontâneas, não é fruto de planos brilhantes e esporádicos, mas construído na convivência harmoniosa no dia a dia da empresa.

A conversa espontânea e o discurso institucionalizado (oportunidades de reunião e reflexão em grupo) é o que efetivará o clima aberto e participativo, único meio de tornar viável a autêntica democracia no trabalho.

NEGOCIANDO...

O dono das abóboras

João e André eram vizinhos e amigos. Um dia, João plantou alguns pés de abóbora, mas como o seu terreno era inclinado, as ramagens direcionaram-se para o terreno de André, logo florescendo e gerando razoável produção. João e André consumiam e vendiam as abóboras, aleatoriamente, sem problemas. Mas, com a entrada do dinheiro, surgiram as desavenças, cada qual se julgando o legítimo dono. João pelo plantio; André pela plantação em seu terreno.

— Ocupam minhas terras, logo são minhas – afirma André.

— Eu as plantei, suas raízes estão no meu terreno – proclama João.

O caso foi ao juiz, que tentou apaziguá-los, propondo um acordo. Ambos permaneceram intransigentes. André ganhou a causa.

João, irritado, extirpou as raízes...

Quando não há acordo e cada um quer ter a sua "verdade", a verdade não prevalece.

Não basta a verdade formal, é necessário que ela se torne verdade comum: que haja aceitação e comprometimento coletivo. Só assim há clima para a eficácia da negociação.

1.2 Negociação: uma filosofia, uma técnica ou simplesmente uma palavra?

Afinal, o que é negociação? Certas palavras, ao ganhar notoriedade, tendem paradoxalmente a esvaziar-se, perdem conteúdo e significado. Por modismo, chegam mesmo a ganhar uma expressão mítica, um ilusório "abre-te sésamo", tornando-se chave mágica, como resposta a controvérsias e impasses. É isso que acontece com o uso equivocado do termo *negociação*, que foi convertido em palavra-efeito.

Negociação resulta em acordo e, assim, pressupõe a existência de uma base comum de interesses que aproxime e leve as pessoas ao *diálogo*. Sem esse diálogo, não se pode negociar e, para ter um resultado eficaz, a conversa não deve ser improvisada, mas nascer do hábito. Quem não conversa com autenticidade e nem se dispõe a ouvir, a trocar opiniões e experiências, não tem condições de sentar em uma mesa e negociar. Falta tradição e credibilidade; em vez da confiança, perdura a suspeição. O que reúne pessoas à mesa de entendimentos são os motivos comuns e são esses motivos que induzem à convergência de interesses, base para as negociações.

São os *motivos comuns* que fazem brotar o acordo. Para isso, as concessões necessárias são administradas, pois no âmago do processo está o espírito de renúncia em favor da aceitação do bem comum. O bom negócio é aquele que é bom para todos, que fará diferença no *ganhar-ganhar*.

Como filosofia, a negociação implica a aceitação dos valores que embasam uma administração participativa, os ideais de direitos humanos e justiça social, os pressupostos de corresponsabilização por resultados. Todos querem ganhar, todos devem ganhar, todos são, portanto, corresponsáveis pelos ganhos. Como técnica, ela implica a observância dos princípios e das práticas do trabalho em equipe, a institucionalização de processos de conversação no trabalho e o exercício regular dos instrumentos gerenciais participativos, como a reunião e a delegação de autoridade.

Assim, a eficácia nas negociações é condicionada por alguns fatores:

1. **Cultura organizacional**:
   - filosofia (valores);
   - política (diretrizes); e
   - *estratégia de empresa* (operação).

2. **Clima organizacional**:
   - ambiente descontraído e motivador da participação, da responsabilidade, da prática da decisão compartilhada e da criatividade.

3. **Sistema gerencial integrado**:
   - gerências que falam a mesma linguagem, ou seja, visão consensual quanto à filosofia, às políticas e estratégias da empresa.

Essas três dimensões promovem a *conversação como hábito*, como fruto de bom relacionamento interpessoal na organização. O resultado dessa estratégia faz que a negociação praticada corriqueiramente ganhe notoriedade apenas se as causas forem, de fato, relevantes. A negociação é a marca visível de um comportamento democrático e sua prática regular é a explicitação concreta de que a democracia impera na organização.

NEGOCIANDO...

Subterrâneos da negociação

A empresa possuía bom desempenho no mercado, uma boa imagem institucional e de marca, construídas por duas gerações de administradores. O presidente, acionista absoluto, motivado pela intensificação dos conflitos de poder e pelas crises internas nas lideranças médias, somadas às quedas sucessivas no faturamento, há dois anos profissionalizou a gestão, antes exercida predominantemente por herdeiros. O patriarca, ainda em pleno vigor, para dar exemplo retirou-se totalmente da gestão, sem sequer assumir a presidência do Conselho de Acionistas.

Resumindo a história: embora todos os gestores profissionais fossem de competência comprovada, em pouco mais de dois anos, a maior parte saiu ou foi demitida e o patriarca reassumiu a direção, diante do agravamento da crise corporativa.

Diagnóstico provável:

1. Nenhum investimento significativo na cultura corporativa, além de valores, missão e princípios mal elaborados e pouco conscientizados.
2. Lideranças dispersas por competições predatórias interpessoais, decorrentes da formação de ilhas de poder e de falta do hábito de negociação entre os gestores.

3. Embora houvesse planejamento estratégico, este não era *fruto de* exercício do pensamento estratégico, por falta de espaço à reflexão e da falta do hábito de pensar em equipe e da prática do consenso.
4. Desestímulo às reuniões criativas – os encontros ocorriam por acaso, dependendo de estilos individuais, com *toda a ênfase centrada em metas pontuais e cobranças.*
5. Trabalho exaustivo – falta de modelo de gestão da inteligência estratégica, resultando em muito estresse e muita rotatividade de pessoal.
6. Estilo autocrático predominante nas lideranças médias – não se desenvolveu os hábitos de ouvir e de dialogar, negligenciando-se o feedback.
7. Os executivos não eram estimulados a aprender, nem tinham motivação e competência para ensinar.
8. Falhas na comunicação e relacionamentos críticos – grande incidência de conflitos.
9. Controles deficientes e falta de critérios para avaliar desempenhos e resultados.

A persistir esse quadro o resultado será fatal.

O que fazer?

Três lembretes básicos na construção de um empreendimento sólido:

- O atrito é natural no relacionamento humano, quando não compreendido, acolhido, negociado, tende a tornar-se conflito predador;
- Lideranças integradas por valores e estratégias desenvolvem equipes solidárias e comprometidas com resultados de sucesso;
- Educação de negociadores é parte essencial na formação de gestores estrategistas e empreendedores.

TREINAMENTO DE NEGOCIAÇÃO

EXPERIMENTO 1 | Uma situação concreta de impasse nas negociações: "não há acordo!"

Objetivo

Exercitar, por intermédio de um caso crítico de impasse, as várias alternativas de busca pelo acordo, fundamentadas no emprego da metodologia de negociação proposta neste livro.

Sequência

1. Separe os participantes em quatro grupos que representarão o sindicato, a empresa, a comissão de fábrica e os observadores. Cada grupo deve eleger um relator.
2. Após o exercício, haverá troca de papéis, de modo que todos desempenhem os quatro diferentes papéis.
3. Leia o histórico do caso com o grupo, acrescentando informações sobre o perfil da empresa, do sindicato e da comissão de fábrica.
4. Promova leitura dirigida e debates com o grupo sobre os textos.
5. Promova as dramatizações mediante rodízio de participantes pelos quatro papéis previstos, fazendo que o grupo de observadores anote todos os dados relevantes. Cada subgrupo de observadores deve sintetizar por escrito suas conclusões, por meio de um relator.
6. Após as quatro dramatizações, poderá ocorrer uma das seguintes alternativas:
    - Cada relator expõe suas conclusões para o grupo completo (reunião dos quatro subgrupos), para debate aberto, sob a coordenação do dirigente do seminário.
    - Os relatores se reúnem para chegar a conclusões por consenso que, em seguida, são propostas ao grupo pleno para apreciação e debate.

Histórico do caso

Uma empresa produz, desde 1960, um artigo de grande aceitação no mercado.

O processo de fabricação e as matérias-primas utilizadas são bastante perigosos, mas todo o equipamento de segurança necessário é fornecido e seu uso é rigorosamente controlado.

Apesar de tudo isso, desde a inauguração da fábrica os operários vinham tentando receber os adicionais por periculosidade e insalubridade. A empresa sempre se negou a discutir o assunto, então, recentemente, os operários procuraram o sindicato de classe para que fossem tomadas as providências necessárias junto às autoridades.

O sindicato ganhou em todas as instâncias da justiça, garantindo o pagamento de adicionais, com juros e correção monetária, retroativos ao início das operações. Os diretores ficaram assustados, pois, além do montante a ser pago, os operários de outras divisões da companhia também ameaçaram pedir adicionais. Assim, a empresa procurou o sindicato para um acordo: o pagamento dos adicionais, com correção monetária retroativa ao início das operações, mas sem juros.

Resposta do sindicato: "Não há acordo".

E1.1 Dinâmica das conversações

A conversação reflexiva permite a comunicação direta e fácil, o apoio mútuo e, à medida que a discussão se desenvolve, permite novos esclarecimentos. A observância de certos itens é imprescindível para a eficácia das conversações:

- *Buscar conscientemente o acordo*: a intransigência pode levar ao fracasso total.
- *Trabalhar as emoções*: os problemas devem ser tratados de maneira objetiva, mas levando-se em conta o pensamento e os sentimentos, ambos inter-relacionados.
- *Desafio criativo:* as situações envolvem ideias e riscos, talento e habilidade para superar conflitos.
- *Definição clara dos termos-chave*: a discussão deve estar orientada para a resolução de problemas, e todos devem ouvir e refletir sobre o que ouvem, buscando consenso sobre as ideias básicas em discussão.

- *Agenda oculta*: levantar todos os dados possíveis sobre as pessoas envolvidas e refletir sobre as suas convicções e valores. O objetivo é aceitar o outro, evitando erros de percepção.
- *Percepção do todo*: o grupo deve ter uma dimensão exata dos acontecimentos. As pessoas pensam como um grupo; a visão global dos problemas tem o poder de integrar, enquanto a abordagem isolada limita a perspectiva de visão.
- *Abordagem sobre os fatos e ideias*: o importante é participar e estar em condições de intervir com fatos e ideias; a boa conversação repousa no raciocínio objetivo.
- *Flexibilidade*: todos devem expressar seus pontos de vista e ser capazes de perceber a realidade externa; trata-se da interação entre os membros e da interestimulação, ou seja, ouvir e aceitar os outros.

E1.2 Eficácia em reuniões

O sucesso de uma reunião, mais do que a metodologia adotada, depende, fundamentalmente, das atitudes dos participantes. A integração da equipe dá embasamento ao trabalho gerencial. Assim, a reunião é um dos principais instrumentos de gerência para que se obtenha participação e cooperação eficazes.

Algumas indicações mostram que o alcance do êxito em uma reunião está essencialmente condicionado ao estilo participativo do dirigente e da equipe.

Vejamos algumas recomendações básicas:

1. Cada reunião deve ser uma contribuição para consolidar a integração do grupo.
2. Cada participante deve assumir o compromisso de colaborar para o alívio de tensões individuais e grupais.
3. A reunião tem função diagnóstica (podem ser percebidos, entre outros, situações-problema, incompatibilidades, ressentimentos) e função terapêutica (possibilita que os problemas sejam explicitados e corrigidos).

4. Lembrar àqueles que se apegam a uma ideia, resistindo a qualquer sugestão contrária, de que as percepções da verdade variam de indivíduo para indivíduo e que o importante é chegar à verdade comum.
5. Mudar de opinião não deve ser interpretado como derrotismo, quando valores maiores justificam a revisão de pontos de vista pessoais ou grupais. O que se espera é cooperação e não competição.
6. A solução, para ser eficaz, deve decorrer do esforço cooperativo, e não da disputa competitiva que cria as imagens de "vencedores" e "vencidos".
7. Estimular atitudes positivas de participação assegura maior apoio à implementação das decisões.
8. O rendimento de um grupo é resultado da ação coletiva. Todos têm responsabilidade, por meio de sua contribuição pessoal, pelos bons resultados da reunião.
9. Não adianta abafar ressentimentos ou mágoas; o melhor é deixar que estes sejam explicitados por meio do "jogo da verdade". Caso isso não seja possível, a palavra não proferida envenenará os espíritos e causará mais males no futuro.
10. Evitar ferir susceptibilidades e dar cunho pessoal a análises críticas. Não há sentido em agressões pessoais, pois o que deve prevalecer é o interesse comum.
11. A preocupação em procurar um "bode expiatório", além dos males morais que poderá acarretar, em nada ajudará os resultados.
12. Evitar generalizações (os assuntos ficam num nível tão distante e impalpável que não levam a lugar nenhum). Não é indicado o uso de palavras de duplo sentido que dificultem o entendimento.
13. Assegurar-se de que não haja divergências diante do significado das palavras (um problema mais frequente do que se imagina).
14. Só deve falar quem tem contribuição significativa a oferecer (falar "para constar" ou "para impressionar" só tumultua).
15. Ser claro e conciso. Não permitir que detalhes prejudiquem o essencial (as discussões de casos e situações particulares são causas frequentes de insucesso nas reuniões).
16. Levar a reunião a conclusões objetivas. Uma reunião sem conclusões é perda de tempo.

E1.3 Duas situações de negociação

SITUAÇÃO GANHAR × PERDER	SITUAÇÃO GANHAR-GANHAR
É a situação típica da competição predatória, tão comum e tão destrutiva em termos de moral de equipe.	É a situação desejável em que todos têm algum benefício no processo de negociação.
Combates ao inimigo.	Compreensão mútua.
Sentimentos de perda.	Sentimento de ganho.
Disputa competitiva.	Esforço cooperativo baseado na interação espontânea.
Há satisfação de uns em detrimento de outros.	Há uma busca de soluções aceitáveis para todas as partes. As diferenças são absorvidas.
A liderança é exercida por quem manifesta mais agressividade.	A liderança é democrática, participativa, consentida.
Sentimento de rejeição.	Sentimentos de cooperação.
No acordo são considerados, apenas, os interesses de cada um. Não há concessões espontâneas.	Os interesses de cada um, isoladamente, são rejeitados. As concessões são aceitas livremente; há acordo predominantemente por meio do consenso.
Ambiente de tensão constante: • falta de integração: ‣ interpessoal; ‣ intergrupal.	Ambiente de confiança facilitando as negociações com base na interação e integração (cooperação).
Mobiliza forças destrutivas na ansiedade do vencer-vencer a qualquer preço.	Mobiliza forças construtivas à base da cooperação.
Numa época de restrições orçamentárias, cada um procura garantir os seus interesses e obter as melhores vantagens, sem se preocupar com os objetivos finais.	Utiliza modernos princípios de motivação, aproveitando totalmente a potencialidade de recursos humanos envolvidos.
O importante é vencer, mesmo com o sacrifício da organização.	O importante é que todos ganhem, inclusive a organização.
Um perde, outro ganha.	Todos ganham.

E1.4 Como negociar com êxito

Uma das melhores maneiras de negociar um conflito com êxito é estabelecer objetivos integradores.

Haverá uma possibilidade muito grande de êxito quando se estabelecer um entendimento pleno e forem observados os pontos de interesse mútuo e os valores comuns.

O que considerar na negociação:

1. *Lucro*: o lucro constitui um poderoso objetivo integrador à medida que ganha concepção social para além de seu significado econômico.
2. *Trabalho em equipe*: no trabalho cooperativo, todos têm em vista um objetivo comum. É a troca do eu pelo nós.
3. *Valorização pessoal:* é essencial respeitar os valores de cada um. Quando as pessoas não se identificam no plano emocional, dificilmente se entendem no plano racional. Um grupo ressentido dificilmente torna-se produtivo.
4. *Clima participativo*: um fator essencial para o sucesso das negociações é a criação do clima e das condições ideais para que todos os aspectos comuns sejam observados, com o pleno engajamento na discussão de todos os interessados.
5. *Natureza dos conflitos*: muitos conflitos surgem como reação instintiva a projetos e planos, sem que seus méritos sejam examinados. Identificar a natureza dos conflitos, conscientizando-se sobre suas causas, é condição vital para a superação das divergências, sem o que combate-se "moinho de vento" e não a realidade do conflito.
6. *Verdade comum:* à medida que se estabelecem as verdades comuns, atenua-se o conflito e emerge o acordo.
7. Conclusão: à medida que se estabelecem as verdades comuns, atenua-se o conflito e emerge o acordo.

REFLEXÃO

O gestor só deve intervir nas situações quando tiver condições de:

- anular os aspectos negativos;
- direcionar as energias para objetivos e resultados comuns.

Isso demanda táticas gerenciais que devem ser objeto de permanente desenvolvimento.

Procure:

- analisar o processo de discussão para racionalizá-lo;
- identificar os motivos para estimular estilos de conduta adequados e aceitáveis dentro da perspectiva ganhar-ganhar.

E1.5 Roteiro para análise do experimento

Uma vez levantadas as informações e realizados os exercícios, avalie o experimento:

Desempenho	Com relação à cultura da organização*			Estratégia de negociação																		Comentários
				Abordagem			Argumento			Superação de objeções			Acordo			Reforço			Reabordagem			
	B	R	I	B	R	I	B	R	I	B	R	I	B	R	I	B	R	I	B	R	I	

B = bom; R = regular; I = insatisfatório

* Considerar, com relação à cultura da organização, a postura do participante quanto a: missão da empresa, políticas, clima psicossocial, trabalho em equipe, valorização pessoal, natureza dos conflitos, liderança e verdades comuns.

EXPERIMENTO 2 | Uma situação conflitiva: apertar o custo!

Objetivo

Analisar os efeitos de fatores externos e internos na geração e solução de problemas organizacionais e estabelecer estratégias adequadas de ação corretiva e preventiva.

Sequência

1. Leitura individual da seção E2.1.
2. Interprete o caso, considerando:
   - o ambiente externo;
   - o clima da empresa;
   - a linha de ação adotada na recessão;
   - a atitude da diretoria na demissão;
   - o diálogo com a comissão de empregados;
   - as dicas da seção E2.2.
3. Divida os participantes em grupos que representarão:
   - a comissão de empregados;
   - a diretoria.
4. Os grupos devem apresentar uma solução para o impasse sob a perspectiva da administração do conflito.
5. Eles devem também sugerir uma estratégia que evite a repetição do problema, considerando que a empresa, no momento, não pode aumentar os salários.
6. Como evitar, antes de mais nada, que esse clima de insatisfação que se formou se transforme em um assunto explosivo?
7. Que medidas poderão ser colocadas em prática a fim de suprimir o clima de monotonia e insegurança que reina na organização e que são as causas potenciais do conflito?

E2.1 Histórico do caso

Uma empresa líder no mercado, em seu setor, perdeu a posição para um novo concorrente. A fábrica recém-inaugurada pelo competidor pode colocar seu produto no mercado a preços mais baixos devido aos incentivos fiscais dados pelo governo municipal por cinco anos, em troca de absorver a mão de obra operária local.

Diante da desvantagem de não ter incentivos, a empresa resolveu, então, "apertar o custo" para se manter competitiva. A pressão hierárquica, partindo da cúpula, foi transmitida pelos gerentes a todos os departamentos, no sentido de aumentar a produção e reduzir os gastos e, se necessário, demitir pessoal. Essa atitude inflexível "do tudo ou nada" foi aplicada sem sensibilidade.

Os funcionários ficaram ressentidos e desconfiados das intenções da gerência, o que gerou um clima de insegurança total. A qualidade do trabalho e a produção sofreram reduções. Dois engenheiros pediram demissão por não concordarem com tal linha de ação e um diretor exteriorizou publicamente sua opinião desfavorável às atitudes da empresa e foi demitido. Esse incidente contagiou os operários da área de produção, que ameaçaram entrar em greve, contando com o apoio do sindicato da classe, caso o diretor não fosse readmitido. A paralisação do trabalho aumentaria os problemas, com a interrupção da produção, elevando os prejuízos. A diretoria resolveu, então, receber em audiência uma comissão dos empregados.

Dicas úteis para análise de situações críticas

1. Reflita sobre a realidade do conflito dentro da dupla perspectiva, como fator positivo e negativo, ilustrando com exemplos ocorridos no seu ambiente de trabalho.
2. Como as diferenças pessoais são consideradas, em seu ambiente de trabalho, como potencial de conflitos a ser administrado?
3. Que medidas você toma para evitar a monotonia e a passividade no trabalho?
4. A burocracia (como modelo organizacional) no seu ambiente profissional é geradora de conflito? Ou há uma acomodação passiva ao sistema?

5. Analise os vários métodos de superação de conflitos, em função de acontecimentos em seu setor de trabalho.
6. Os métodos usados foram os mais corretos?
7. Procure traçar um plano estratégico de administração do conflito em sua equipe de trabalho.

2 Pode-se aprender a negociar

2.1 A negociação como realidade da vida social

Todas as situações na vida estão sujeitas, de alguma forma, à negociação, pois envolvem relacionamento humano, compromissos e objetivos comuns. O pano de fundo da negociação é o processo de conversação.

Buscar o acordo, trabalhar o consenso e conquistar a cooperação são condições para a convivência e a efetiva vida social. Todavia, o que acontece no cotidiano das pessoas é exatamente o contrário; impressiona a pouca compreensão que se tem dessa realidade. Em geral, é a incomunicabilidade que prevalece, operando em faixas de frequência paralelas ou em circuitos fechados. É o paradoxo de conviver sem se comunicar, de estar junto sem ser companheiro, de estar presente fisicamente, mas distante socialmente. Estamos na era das comunicações, mas, de fato, é a era dos meios de comunicação.

Embora a negociação seja um campo predominantemente atitudinal, tendo muito mais que ver com valores, princípios, crenças e conceitos, o equacionamento técnico tem função relevante, quando não se trata da aplicação fria e descomprometida com referenciais humanísticos. A técnica ajuda na reflexão, leva ao exercício, que implica testar conhecimentos e sentimentos. Como meio de se obter o ajuste de interesses e o acordo cooperativo, a negociação dispõe de uma tecnologia específica, envolve estratégias e táticas que emprestam expressão a valores autênticos.

A negociação é um instrumento eminentemente educacional. Seu exercício efetivo conduz ao desenvolvimento cultural, à qualidade do relacionamento humano, à melhoria das condições de vida, ao esforço consentido, à cooperação espontânea e ao trabalho como meio de autorrealização.

Negociação é basicamente conversação, significando a prática habitual do diálogo.

2.2 Aprende-se a negociar, negociando

A prática da negociação deve ser estimulada e orientada no âmbito grupal: na intimidade da família, da fábrica, do escritório, do clube, da igreja, do governo, em todos os grupos sociais. Como recurso didático, para melhor entendimento dos propósitos deste livro, tratamos de alguns pressupostos básicos e propomos cenários em que situamos a negociação, conduzindo a uma pedagogia específica.

2.3 Pressupostos básicos

> O acordo surge pela via do conflito.

Prevenir, minimizar e solucionar conflitos é saber administrar tensões. Todo relacionamento humano envolve certa tensão que o torna potencialmente conflitivo.

> O bom acordo é aquele em que cada um perde um pouco e todos ganham.

Saber renunciar e ter espírito de tolerância são elementos que faz os indivíduos reconhecer as desigualdades, ou seja, o fato de que todos são diferentes, como são diferentes as experiências de vida e as situações, bem como as motivações e interesses. A intransigência daqueles que não querem ceder 10 para ganhar 90, dispensar o acidental em favor do essencial, gera os habituais insucessos em negociações. Quando uma das partes já chega com um pacote, com a sua verdade, ela carrega junto o incitamento ao conflito, o que acaba legitimando a deflagração de greves, por exemplo.

2.4 Antes da mesa de negociação existe um passado

A experiência e a tradição – que condicionam decisivamente o acordo, predispondo os espíritos, determinando atitudes e comportamentos – antecedem a negociação. Esperar que as partes se encontrem, negociem e cheguem ao acordo, sem que sejam estabelecidos previamente a aproximação, o hábito da conversação, a confiança mútua, não só é impensável como também uma aventura arriscada. A distância social gera o abismo no relacionamento, dando validade ao tabu dos que julgam insuperável o conflito capital *versus* trabalho.

2.4.1 MULTIPLICAÇÃO X CERCEAMENTO

A organização muitas vezes deixa de ser um instrumento multiplicador de forças para se tornar uma camisa de força cerceadora e opressiva.

2.4.2 A CONSISTÊNCIA DO ACORDO

Usando uma expressiva imagem bíblica, devemos indagar: o acordo está construído em cima de uma rocha ou sobre a areia? É capaz de suportar as chuvas e os ventos da dura realidade do cotidiano? Rever o modelo organizacional – em especial o de inspiração burocrática –, tornando-o flexível e indicador de cultura aberta e participativa, é requisito primordial e imprescindível à negociação permanente nas organizações.

2.4.3 ÊNFASE NA GERÊNCIA NEGOCIADORA

Enfatizar a gerência negociadora significa proporcionar as condições essenciais à liderança gerencial, as quais se consubstanciam no saber interpretar motivações e interesses, conversar, negociar, e também conduzir realizações, na base de um querer comum. Desenvolver gerentes é, na essência, integrar lideranças, harmonizar as desigualdades e estabelecer a linguagem comum. A partir daí, com consistência e coerência, podem ser criadas condições eficazes para a negociação permanente. O Capítulo 3 trata das qualidades e características que o gerente-negociador deve desenvolver e cultivar.

2.4.4 A DEMOCRACIA NO TRABALHO RESULTA ESSENCIALMENTE DA QUALIDADE DO TRABALHO

Não basta melhorar o ser humano para o trabalho, nem melhorar as condições do trabalho, é necessário *melhorar o próprio trabalho* como processo de valorização humana e organizacional.

2.5 Cenários para negociação

Para que o processo de negociação seja eficaz é fundamental considerar alguns aspectos, conforme os cenários apresentados a seguir.

2.5.1 PRIMEIRO CENÁRIO

Clima social para a negociação.

- espírito aberto, receptivo e integrador;
- negociação como atitude permanente;
- postura essencialmente proativa (e não a atitude reativa habitual, motivadora de tensão e conflito).

Qualidade de vida nas organizações.

- qualidade do trabalho;
- valorização humana do trabalhador;
- estabelecimento de políticas sociais e de práticas de conversação e convivência no trabalho.

Cultura das organizações.

- definição clara da filosofia empresarial;
- explicitação das políticas que conduzam à democracia no trabalho.

Relação de poder.

- gerência participativa;
- descentralização e delegação de autoridade.

2.5.2 SEGUNDO CENÁRIO

Definir e trabalhar na melhoria do perfil de negociador:

- gerente (todos os gerentes): o gerente-negociador é uma explicitação da função educativa de qualquer gerente;
- alta gerência: sistema de liderança integrada nas organizações;
- gerente de relações humanas: que é, por função específica, um negociador;
- mediador: alguém com habilidade política e senso educativo, atuando como facilitador do processo;

- árbitro: função de magistrado, amenizando situações agudas e prevenindo agravamentos, com vistas a abrir perspectivas que extrapolem a crise imediata em favor de um bom relacionamento permanente.

Considerar pré-requisitos:

- lealdade (boa-fé);
- integridade (autenticidade);
- tolerância (espírito conciliador);
- renúncia (disposição para ceder algo);
- disponibilidade para o diálogo (conversar até a exaustão).

2.5.3 TERCEIRO CENÁRIO

Observar a dinâmica da negociação

- seguir uma metodologia, de modo que se possam desenvolver uma filosofia e uma postura de negociação permanente;
- evitar o casuísmo imediatista e improvisações que gerem a cronificação das situações de conflito;
- abordar o conflito com uma estratégia tridimensional: em nível comportamental (atitudes e comportamentos adequados), técnico (o conhecimento especializado e a tecnologia de comunicação para o estabelecimento de processos de convivência: o relacionamento humano no trabalho) e organizacional (a visão global e sistêmica da organização como uma realidade cultural e expressão marcante da qualidade do sistema de liderança: gerentes integrados em torno de objetivos comuns, atuando como agentes de renovação institucional).

A metodologia que desenvolvemos, e que apresentamos aqui, é resultado de uma experiência exaustiva e renovada que temos aplicado, há três décadas, em empresas brasileiras. O objetivo básico é considerar a negociação como uma prática habitual de gerência, como expressão de uma filosofia de educação permanente no trabalho e resultante de uma estratégia integrada de conversação e convivência nas organizações. Essa metodologia apoia-se na observância de um sistema em seis etapas lógicas (veja a Figura 2.1). Sua implementação consubstanciará princípios e esforços de uma *pedagogia de negociação* que consiste em educar dirigentes e dirigidos, líderes e liderados, para a realidade dinâmica da democracia no trabalho.

FIGURA 2.1 As seis etapas do processo de negociação

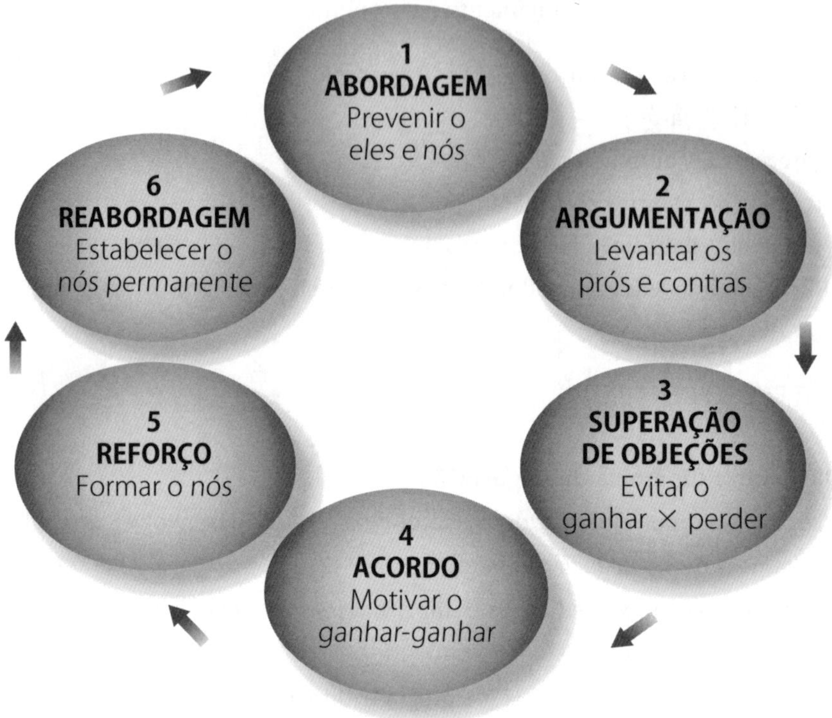

2.6 Negociação , argumentação e sociedade livre

Costuma-se associar discussão e conflito, todavia, este último só ocorre em decorrência do modo como habitualmente se processam os debates. Se o ânimo é beligerante, na base da motivação *ganhar* × *perder*, então a consequência será muita luta, para resultados quase sempre pouco compensadores. Isso porque não ocorre o acordo – a convergência de interesses em torno de pontos comuns, em que cada um cede um pouco a favor do ganho essencial. Em vez da conversação, a disputa se instala. Um ganha, outro perde.

As distorções conceituais dos princípios de livre concorrência, competição e, até mesmo, de valores como prestígio e poder levam muitos a uma guerra fratricida, à discussão predatória, em que sempre haverá vencedores e vencidos. Ou seja, o clima hostil se estabelece, no qual o conflito disfuncional e negativo é alimentado como condição subjacente às realizações.

Garra e competitividade exacerbadas compõem o perfil do executivo agressivo e individualista, recrutado e desenvolvido pelas organizações. Guerra é guerra e, por seu turno, o lema explicitado por muitos é subentendido culturalmente como diretriz para a ação. As comunicações passam a se constituir instrumentos estratégicos para a luta pela supremacia. Ambicionar ser líder, ser o primeiro na sua categoria, desafiar a si mesmo na superação de metas e querer vencer não significa derrotar, subjugar, reprimir o outro.

A competição cooperativa no trabalho em que a ênfase está na equipe, sem prejuízo da avaliação de méritos individuais, é uma prática construtiva que não gera vencidos, pois a causa é a vencedora; todos ganham com o resultado. Para se tomar uma decisão, várias alternativas estão disponíveis; uma é a escolhida, as outras são, em princípio, rejeitadas. A frustração deve ser encarada como um dado natural e, quando bem trabalhada, tem função pedagógica, pois leva à reflexão, reforça o erro no sentido de alertar para os acertos, treina a vontade e o necessário e bíblico espírito de humildade, que forja a personalidade autenticamente líder. O quadro psicológico desejável é aquele que estimula valores de participação, cooperação, liderança, corresponsabilidade, negociação. As propostas não aceitas, os desempenhos aquém do previsto, as ideias e argumentos rejeitados, uma vez que a atitude é positivamente cooperativa, não são traduzidos como derrota, que é um conceito radical, fulminante e destrutivo. Estimulam, ao contrário, a consciência social de contribuição e o fato de que cada um está empenhado em realizar, como desafio.

Aceitação e insatisfação não se excluem mutuamente numa decisão de grupo; o importante é o fato de os participantes estarem comprometidos na execução da tarefa. O que não impede, quando há convicção, que cada um use seus argumentos no momento oportuno, recarregando as baterias, esforçando-se pela aceitação de suas convicções. As insatisfações individuais são superadas pela ação motivadora do grupo. Essa é uma situação comum numa sociedade livre e responsável e, para que esteja presente nas organizações, é necessário que os processos de conversação e negociação no trabalho sejam exercitados regularmente.

2.7 Indicadores para uma pedagogia da negociação

Para a eficácia da negociação, é necessário atentar para algumas normas básicas. Reunimos sete situações que ocorrem frequentemente na mesa de negociações que são reflexo de uma problemática não resolvida, porque é pouco conscientizada em termos de educação empresarial. Mesmo na simplicidade de cada situação, elas proporcionam orientação para uma necessária pedagogia da negociação. Vejamos a seguir:

1. *Enfatizar os erros e não os acertos.* Mostrar às pessoas que elas estão erradas pode significar uma vitória momentânea e uma inimizade duradoura. É preferível procurar demonstrar a validade de suas convicções e propostas sem subestimar ou derrotar os pontos de vista alheios. Afinal, a discussão tem o objetivo de afinar divergências, encontrar uma solução que harmonize posturas diferentes.
2. *Os participantes prendem-se a colocações casuísticas.* Assim como discutir sobre pessoas é, em geral, contraproducente, centrar a discussão em *casos e* situações meramente episódicas pode contaminar o debate com visões particulares e preconceituosas ligadas a fatos irrelevantes e mesmo superados. Uma reunião pobre é aquela em que todos estão discutindo pessoas e casos e não ideias e propostas. Infelizmente, é o que mais ocorre.
3. *Os participantes, em geral, não deixam espaço para uma saída honrosa.* O acordo deve ser sempre o objetivo, não a disputa em si. Não se deve encurralar o adversário, como quem quer destruí-lo.
4. *Os participantes não equacionam problemas com objetividade, utilizando-se de evasivas.* Não se deve focar apenas no assunto em discussão. Querer resolver todos os problemas de uma hora para outra acaba confundindo e nada se resolve. Muita agitação, pouca reflexão e só frustração é a radiografia de grande número de reuniões realizadas diariamente dentro das organizações.
5. *Os participantes, muitas vezes, discutem sem que tenham propostas nem alternativas para o acordo.* Não se pode fazer como aqueles que muito discutem e nada concluem, ou como os que imaginam que as conclusões são tão óbvias que não precisam ser explicitadas.
6. *Os participantes, em geral, não estão preparados para falar e menos ainda para ouvir.* Não proceda como aqueles que reúnem sua equipe, falam o tempo todo e, ao encerrar a reunião, dizem satisfeitos e eufóricos: iniciamos hoje nosso processo

de diálogo! Ouvir é tão ou mais importante, em certas ocasiões, do que falar. Além da real necessidade de colher fatos, opiniões e sentimentos, é a maneira concreta de valorizar as ideias do próximo, de motivá-lo a cooperar e proporcionar uma sensação de prestígio.

7. *Os participantes não se colocam no lugar do outro para melhor compreendê-lo.* Mesmo que se trate de um visível oponente, é essencial conhecê-lo para não se surpreender com argumentos para os quais, por despreparo, não encontre resposta.

Estes são apenas sete indicadores básicos que uma pedagogia da negociação deve aprofundar e desenvolver. A negociação é um instrumento educacional a serviço da gerência; por seu intermédio, a liderança é firmada, o espírito de equipe é consolidado, e as inter-relações se fortalecem em todos os sentidos. O gerente, portanto, não faz outra coisa senão negociar, ele negocia:

- a formulação e a aceitação da filosofia empresarial, seus objetivos, políticas, estratégias e táticas de ação;
- para obter participação social e o bem-estar de seus colaboradores;
- para alcançar a sobrevivência e a expansão organizacionais por meio de lucratividade sustentada;
- a fim de preservar a satisfação do cliente e fixar a imagem institucional, como garantias válidas de perpetuidade empresarial.

NEGOCIANDO...

O Cliente é rei... ou errei?!

O executivo aborda irritado o gênio:

— Caminhei por trajeto longo e tortuoso para consultá-lo sobre como conquistar o cliente e fui enganado. Você recomendou-me tratar o cliente como rei. Construí um palácio junto ao meu, tratei-o com toda a mordomia possível, mas senti que, com o tempo, ironicamente, além de não conquistá-lo, recebia até manifestações hostis. Não entendi nada!

— Você cometeu três graves equívocos, disse-lhe o gênio:

1º) Você não ouviu e não percebeu a essência de minha recomendação: seja rei e trate o cliente como rei. Ou seja, preserve sua própria dignidade e seja humilde em dar ao cliente a importância realmente merecida.

2º) Tornou-se um servo e não um servidor. Quando alguém é cultuado com veneração subalterna tende a gerar um tirano. O cliente, de parceiro simpático e solidário, torna-se ameaça vampiresca. Ser servidor significa ter disponibilidade e competência em prestar o serviço que satisfaz a necessidade real do cliente.

3°) Você não construiu um palácio, mas uma prisão, onde pensou enclausurar alguém que imaginou ser o seu cliente.

— Como?! Então quem é meu cliente?

— Essa é a pergunta essencial que, certamente, não foi formulada. Há clientes definidos, mas há dois princípios gerais a serem seguidos: todo aquele que se aproxima com uma demanda ou com quem nos comunicamos a distância para resolver um problema é nosso cliente; e a segunda diretriz: o ser humano quer tratamento digno e não subserviente. A emoção é mais forte que a razão.

A primeira condição para negociar é saber identificar o cliente em sentido amplo.

Negociar, todavia, não é um atributo inato e nem meramente técnico, é o resultado de um investimento permanente em educação gerencial. Demanda uma *pedagogia da negociação* e implica a realidade da *democracia no trabalho.*

2.8 Poder e negociação: a realidade da democracia no trabalho

Democracia é um sistema que se define e se consolida em função do grau de maturidade humana. Pressupõe atitude crítica voltada para o equacionamento e para a solução dos problemas nacionais.

A sociedade brasileira (governo, cidadãos, empresa, representação de classes, entidades religiosas etc.) tem compromisso na institucionalização do pleno exercício democrático. Democracia não é um decreto-lei, mas uma prática relacionada com a qualidade de vida das pessoas e das organizações, sendo nestas que se vivencia diuturnamente a realidade democrática.

O posicionamento ideológico da empresa – e mais especificamente do empresário, sua consciência e visão, seu pensamento sobre a realidade social brasileira – significa, no cenário decisório do país, a presença de uma das forças potencialmente mais promissoras para a renovação.

O empresário, portanto, pode adotar uma entre duas posturas:

- **Postura de ação**: influi no sentido de mudanças corretivas e inovativas e colaborando em suas implementações;
- **Postura de omissão**: estimula, por acomodação e falta de visão crítica, a perpetuação de graves distorções na condução do processo de desenvolvimento.

O empresário, assim como todas as forças sociais significativas, não pode estar indiferente aos grandes problemas da nação:

- distribuição de renda;
- explosão demográfica e urbanização intensiva;
- saúde e previdência;
- sistema educacional e analfabetismo;
- condições de trabalho;
- poluição ambiental;
- educação democrática do povo;
- qualidade das lideranças.

Questionar tais itens, em termos de insuficiências, distorções e ineficácias, e congregar-se na ação permanente de conscientização e ajuda efetiva é o compromisso de liderança que o empresário não pode deixar de lado, sob pena de negar-se ideologicamente, perdendo a perspectiva histórica de empreendedor criativo.

- **Risco.** O empresário fez a opção profissional do risco, da experiência com a incerteza. É, por excelência, o ser humano do incerto e do arriscado, criativamente insatisfeito, gerador de riquezas, administrador do desenvolvimento, enfim, vigilante da qualidade, como prestador de serviços que o é por definição básica. Se não busca esse perfil, o empresário se degrada como mero fazedor de dinheiro.
- **Participação.** A educação do empresário para a ação participante não só é uma necessidade incessante, mas também imprescindível e urgente no momento histórico da realidade nacional, em processo contínuo de democratização,

quando todas as forças vivas são chamadas a uma efetiva atuação na base do diálogo sistemático.

- **Conversação.** Negociar significa manter a integração permanente no processo de conversação que importa na normalidade do relacionamento. Sem uma conversação natural, diária, enriquecedora, a negociação será sempre um artifício doloroso, acidentado, desgastante, empobrecedor. Explicitará e acirrará conflitos, em vez de preveni-los e resolvê-los.

A negociação surge espontaneamente quando decorre de um processo democrático e democratizante, exercido dentro das organizações.

2.9 O poder e sua motivação

As organizações são sociedades políticas, em que os jogos de interesses, as lutas pelo poder, as influências, as competições e os conflitos tornam as negociações uma constante, desenhando o quadro de valores que emoldura uma cultura própria em cada grupo e que deve ser respeitada.

As tentativas de influenciar e direcionar atitudes e comportamentos na organização estão apoiadas por uma estrutura de poder cujos estilos de liderança condicionam-se à filosofia da política adotada. De fato, o que caracteriza as organizações é o sistema de poder, em nome do qual se exerce a trama de influências e interesses em torno dos objetivos institucionais.

A realidade do poder e da influência soa, para muitos, como uma dura contingência, como algo eticamente equivocado, por esse motivo usa-se de artifício eufemístico para nomear esse poder, designando-o *hierarquia*. Busca-se, dessa forma, amenizar o exercício da autoridade, ao mesmo tempo em que se tenta neutralizar expressões como *manipulação e controle*. A hierarquia, no entanto, é uma necessidade vital para a existência de grupos organizados. Objetividade e eficácia exigem comandos institucionalizados, sem os quais a liberdade torna-se inadministrável, com o risco de tornar-se anárquica e destrutiva.

As pessoas têm forte tendência a influenciar uns aos outros, o que explica ser o poder uma forte motivação humana. O exercício do poder, em que pese sua responsabilidade intrínseca, desenvolve necessidades humanas superiores, como aceitação, associação, prestígio e autorrealização. Mesmo que não se deseje o poder para não ter de assumir suas pesadas responsabilidades, aspira-se ao exercício de influência, ou seja, levar pessoas e grupos a agir em determinado sentido.

Vale lembrar que as teorias modernas de motivação enfatizam o alto valor, para a produtividade do empregado, do fato de ele ter a possibilidade de influenciar de alguma maneira seu trabalho, seja sugerindo, inovando, ou mesmo dirigindo e controlando suas tarefas.

A primeira condição para garantir o exercício do poder é a confiabilidade. Se não há confiança nos líderes, os conflitos eclodem, tornando o processo decisório penoso e desgastante no que diz respeito aos embargos, às protelações e aos conluios.

2.10 Paradoxo do poder, paradoxo da organização

O poder traz consigo uma situação paradoxal. Ao mesmo tempo que seu potencial de força destrutiva é ilimitado, seus detentores se mostram impotentes para construir diante de sua incapacidade em fazer funcionar a organização. Poderosos em coagir, débeis em libertar. A questão, em essência, relaciona-se com a administração, o talento e as capacidades gerenciais.

Há um ditado que diz: a cada nova invenção, o diabo toma conta, enquanto os anjos discutem como aplicá-la. Portanto, para tornar o poder eficiente e eficaz, é fundamental a participação integrada das lideranças. Fazer uso da mesma mensagem e mesma linguagem.

Falar uma linguagem comum na organização – integração das lideranças – denota o esforço em definir e internalizar políticas – consistência conceitual –, ou seja, há uma coerência na ação:

- unidade de pensamento: objetivos;
- unidade de vontades: motivação;
- unidade de ação: métodos.

Esse sentido de unidade – cognitiva, afetiva e estrutural – nada tem que ver com uniformização, equalização ou robotização, mas com concordar naquilo que é essencial, ou seja, é o que define o consenso. Não invalida o pluralismo, antes dá a ele consistência e objetividade.

Caso essa realidade não seja bem compreendida, o poder se desestrutura e se distorce pela própria situação de ambiguidade e conflito que caracteriza a posição do dirigente, ao mesmo tempo superior (em relação aos seus comandados) e subalterno (em relação às instâncias às quais presta contas). Mesmo os ditadores mais poderosos dependem de um complexo de forças e da opinião pública como condicionantes restritivos à ação. A solidão dos dirigentes é, em parte, um reflexo do impacto decisório, como compromisso individual. Quem decide, decide sozinho, mesmo que disponha de todo um aparato organizacional para fundamentar sua ação.

A ambiguidade do dirigente, suas inseguranças e incertezas – frutos de um ambiente externo instável e ameaçador – encontram na organização um instrumento que o protege. Pertencer a ela é o mesmo que uma fuga daquilo que é imprevisível.

O conjunto de regras e normas que compõem a estrutura de uma organização e a proteção social, que advém do relacionamento humano e da identificação de necessidades e propósitos, criam a expectativa lógica de que, internamente, há mais previsibilidade e, portanto, menos riscos e conflitos.

A organização é, por vocação, direcionada para dentro, tende à entropia; é essencialmente egocêntrica, possessiva e introspectiva. Inclina-se ao sistema fechado; daí trazer, em si, o germe do obsoletismo.

A visão estática, acomodatícia, ilusoriamente cômoda e eficiente da organização explica o sucesso – em que pesem todas as suas aberrações – do modelo organizacional burocrático. É unânime a crítica à "burocracia", identificada pelo papelório, filas e emperramento, não se questionando propriamente o modelo organizacional weberiano, extremamente hierarquizado e centralizador.

Vivemos em uma sociedade de organizações: grandes, médias e pequenas. A presença delas é constante, polarizadora, convergente, absorvente e dominadora, como referências que condicionam atitudes e comportamentos. O enfoque básico e usual é a organização, e não o gerente. Não o indivíduo e a organização, ou mesmo o indivíduo na organização, mas, sim, o indivíduo de organização: seu intérprete, seu agente, seu instrumento. O ser humano para a organização é o problema, daí surge um campo novo de especulação científica que se abre à discussão: *a sociedade organizacional,* de modo que essas organizações tendem a cercear a plenitude do ser humano.

O paradoxo da organização é uma realidade nos dias de hoje. Enquanto externamente eclodem mudanças vertiginosas, as estruturas se tornam cada vez mais complexas, usando como escudo complicadores burocráticos, que tendem a manter motivações e inteligências em estado de embotamento e alienação (Figura 2.2). O indivíduo se sente impotente diante da organização pesada e insensível. Quanto mais ele se conscientiza, maior o conflito com o estabelecido.

FIGURA 2.2 O paradoxo do poder e o paradoxo da organização

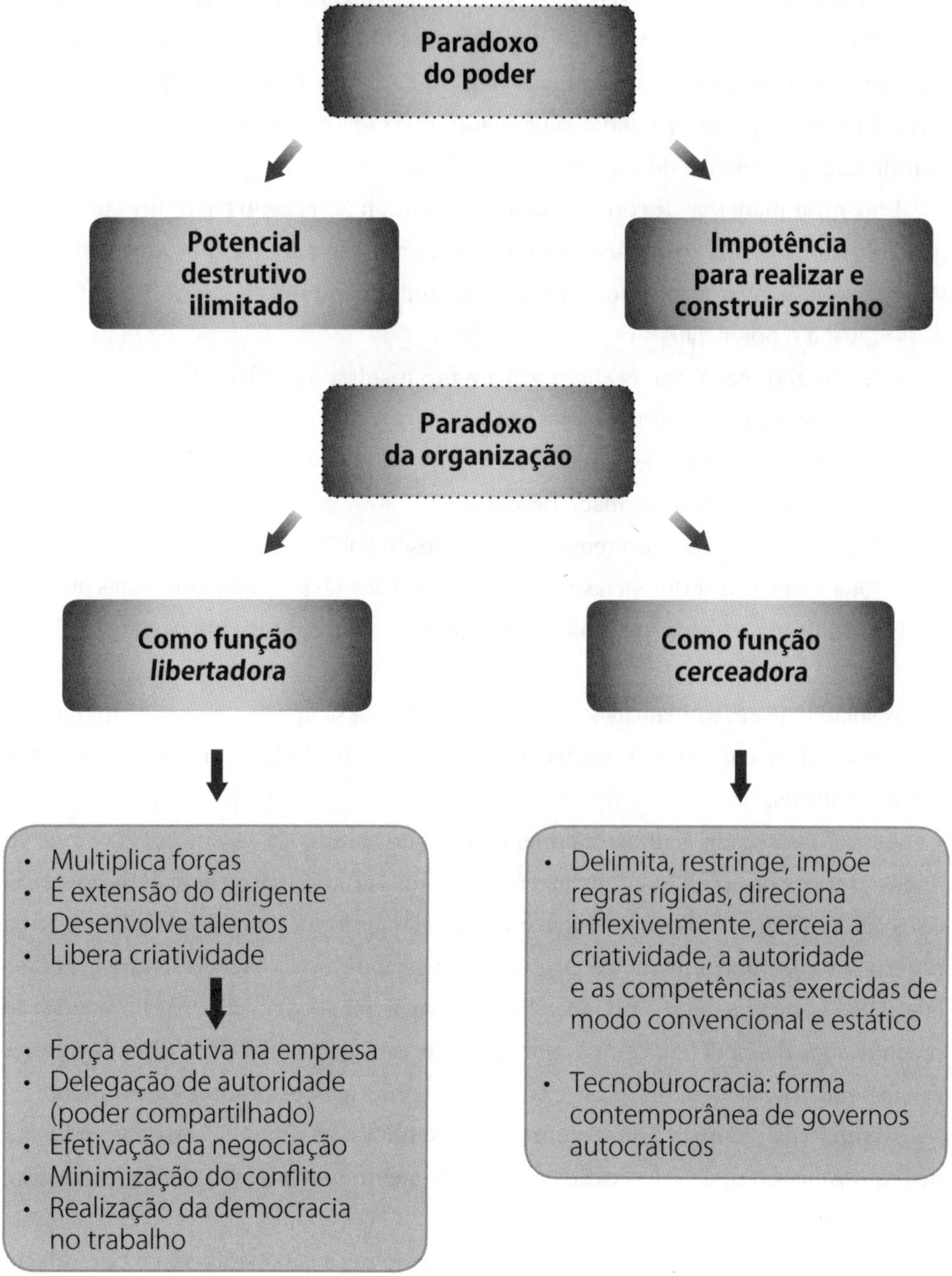

2.11 Conflito e organizações complexas

À medida que as organizações vão se tornando mais complexas, vão surgindo os episódios conflitivos, de variadas e exuberantes formas. Se não for assim, as situações de conflito são geradas pela razão natural da diversificação. Da diferença nasce o conflito; daí, a primeira condição para administrá-lo consiste em percebê-lo como manifestação previsível de estruturas complexas.

Encontrar maneiras de conviver com o conflito, mantendo-o em limites toleráveis dentro de uma avaliação situacional, é o primeiro passo para compor uma estratégia. Cabe, depois, avaliar o conflito fazendo as seguinte perguntas:

- Qual é o potencial?
- Poderemos canalizar as energias para um resultado positivo?
- Sua força é essencialmente destrutiva?
- Quais são as condições para enfrentá-lo?
- Qual é o nível de autoridade necessário?
- Qual é o conhecimento requerido para resolvê-lo?
- Quais são as interferências técnicas necessárias (assessoramento especializado, consultoria externa, recursos de dinâmica de grupo, reestruturações etc.)?

A sociedade em mudanças – característica de nossa época – é uma fonte natural e inesgotável de conflitos. A mudança gera tensões, ansiedades, resistências e, portanto, conflitos.

As classes sociais vêm se conscientizando do direito de serem ouvidas e de influenciarem as decisões que lhes dizem respeito. Todavia, há certa frustração e insatisfação em razão da distância entre o reconhecimento teórico do valor da participação e a falta de oportunidade de praticá-la, ou seja, pela inexistência de um processo efetivo de engajamento nas decisões. Da mesma forma, hoje os direitos humanos são reconhecidos de modo conceitual, porém, as instituições sociais, políticas e econômicas não são criadas para respeitar e colocar em prática esses direitos efetivamente.

Assim, cada vez mais, administrar conflitos destaca-se como um imperativo de saúde das organizações, de valorização e desenvolvimento humano, de qualidade de vida e prática democrática.

A situação conflitiva *ganhar × perder* na versão *eles e nós*, característica do relacionamento distorcido *patrão × empregado*, gera o estado de distância permanente que invalida qualquer intenção conciliadora. Nesse clima de suspeição, é inviável a otimização de práticas e procedimentos, na linha da negociação, quando as partes mal se permitem conversar.

Institucionalizar um direito não significa baixar um decreto e impor um "cumpra-se"; resulta do exercício sistemático da aproximação e consiste, essencialmente, numa conquista. Surge como o natural reconhecimento de uma realidade social, expressa nos ideais de valorização humana: crescem o ser humano e as organizações.

A não ser dessa forma, cogestão, codecisão, delegado sindical e tantas outras reivindicações soam sempre falsas, como manifestações de insegurança, medo e agressividade. É a velha intenção manipuladora funcionando de lado a lado; cada um tentando "domar o lobo voraz" que é o outro. É uma verdade psicológica que o ser humano reage à manipulação; daí todas as reações históricas às formas assistenciais paternalistas que praticam uma *caridade* que não engrandece, uma vez que rebaixa o indivíduo à condição de *pedinte*, beneficiário passivo das benesses do protetor.

É expressivo o episódio atribuído ao filósofo Sócrates, reagindo à agressão física: *"Qual foi o bem que eu te fiz para que me atinjas com tanta fúria?"*. Toda a situação que gera dependência estimula a revolta. O ser humano aspira à liberdade como instrumento básico de valorização. Não se entenda equivocadamente, porém, que a gratidão não seja o sentimento nobre de reconhecimento ao benefício auferido. Nos referimos à situação de dádiva que condiciona à inferioridade, que inibe o desenvolvimento humano, que perpetua a dependência.

No entanto, conviver com a instabilidade exige habilidade em prevenir situações-problema; significa educar a percepção e instrumentalizar-se com os recursos necessários a uma pronta intervenção, de modo que não nos deixemos levar pelos acontecimentos. Não nos basta a informação; antes, é preciso haver conscientização, que é a postura crítica resultante de uma sistemática análise e discussão dos problemas.

A crise, como o conflito, não é fenômeno isolado e acidental. Conhecer suas causas, suas variáveis e seu alcance é o primeiro passo para se situar estrategicamente, minimizar seus efeitos e se organizar para superá-la. Em épocas de crise, mais do que nunca, é preciso reflexão, entendida como uma tomada de consciência coletiva. Uma reflexão dinâmica, ou seja, todos envolvidos e participantes num esforço global.

Crises, instabilidades, problemas são desafios positivos, desde que entendidos como fenômenos naturais ao crescimento. Exigem, todavia, uma condição básica: capacidade gerencial, que implica a formulação de estratégias, com apoio na administração de mudanças/instabilidades/crises. Sem isso, há o grave risco da criação do estado de neurose coletiva, que significa a instalação do clima doentio de desesperança, em que o desastre, por ser exageradamente temido, acaba acontecendo. É o que ocorre com a síndrome do sinistro (demissões em massa, quebra de empresas, produtividade zero) que leva a situações de *humor negro*: "Quantos empregados você demitiu, hoje?" E a competição da derrota: "Eu, dez, e você?" "Eu, os seus dez e mais dois departamentos desativados".

De fato, o *óbvio* parece ser uma das realidades mais difíceis de se reconhecer e praticar. É óbvio, por exemplo, que a empresa seja, antes de tudo, uma realidade humana; é gente se empenhando em vários níveis e tarefas para a consecução de objetivos comuns. Todavia, recursos humanos comumente não se traduzem em políticas definidas, claras, objetivas, de largo alcance.

Se há crise, por comodismo, visão simplista, falta de informações relevantes e confiáveis, em vez de um programa de racionalização de custos, eliminam-se itens essenciais (30% de redução na folha de pessoal; corte de 70% nos gastos com publicidade; suspensão dos programas de treinamento e pesquisa; arquivamento dos planos de expansão). Conclusão: assume-se a crise como inabalável realidade dos negócios. Nada de pensar, criar, investir... pois estamos em crise!

Apologia da crise, miopia administrativa, indecisões, falta de garra, pessimismo... o marketing do abismo está institucionalizado. Mais uma vez, as escrituras sagradas têm razão: quem procura o abismo perecerá nele. Numa época de transformações aceleradas, há necessidade de um desenvolvimento sistemático da percepção para o que está acontecendo e de que nos capacitemos para contínuas intervenções adaptativas e renovadoras.

A verdadeira satisfação e a verdadeira segurança implicam reciclagem motivacional, variedade de estímulos, enriquecimento cultural, busca de novos objetivos, ou seja, em melhoria de qualidade.

A satisfação passiva é morte em vida.

A insatisfação dinâmica é um eterno caminhar para a perfeição (há nisto uma verdade teológica; o permanente superar-se como meta existencial).

Uma positiva atitude gerencial adaptativa, aberta à renovação, diagnosticadora e estratégica, sensível às transformações externas e à renovação da cultura organizacional, que investe em participação, negociação, por meio do desenvolvimento dos instrumentos básicos para a corresponsabilização pelos resultados – a delegação e a comunicação em equipe – é a fórmula eficaz para superar conflitos.

Em tese, a ciência e a tecnologia são capazes de resolver todos os problemas. As soluções, na teoria, estão esquematizadas para todas as situações. A aplicação é uma questão de tempo e decisão, de atitude gerencial basicamente. Já o insolúvel é uma questão de atitude negativa e um problema de gestão organizacional. Os conhecimentos científicos e tecnológicos estão comumente disponíveis, porém faltam gerência e estrutura para implementá-los.

Os equívocos, os desvios e as distorções a que estão sujeitos os conceitos de trabalho e educação, nesse contexto cultural, começam a ser questionados em função de um valor para o qual se ganha cada vez mais consciência: a qualidade, a ecologia das organizações.

Educar para o ou no trabalho implica considerar a qualidade no trabalho. Se esse ponto não for observado, promoveremos inconscientemente a antieducação ao preparar os indivíduos para condições inumanas, inadequadas ao desenvolvimento, pois este só se realiza com a explicitação e a expansão dos valores humanos – seres humanos em crescimento, impulsionando organizações em crescimento (Figura 2.3). Desenvolvimento é educação. Educação é desenvolvimento, crescimento qualitativo.

FIGURA 2.3 Antropologia das organizações

Um mundo em transformação (mudança acelerada) exige uma renovação contínua (educação permanente). Desenvolvimento implica qualidade, a substituição das situações de competição-conflito por integração-cooperação.

A força do dirigente está na capacidade de obter cooperação, e para obtê-la é necessária a percepção das realidades humanas (valores, necessidades, aspirações). O princípio da autoridade está na vontade do grupo, transferida para um de seus membros (democracia). Mandar não é função mitológica; não se tira força do nada, com mágica. Autoridade é sempre autoridade delegada.

Três pontos devem ser considerados quanto à liderança e à organização:

- *indivíduo:* qualificação e autodesenvolvimento/competência pessoal e técnica;
- *grupo:* coesão, cooperação/competência social;
- *tarefa:* padrão de eficiência e resultados/competência operacional (eficiência e eficácia).

A colocação do passado, organização/gerência – por força da mudança acelerada na ciência e na tecnologia, com impacto na estrutura social, que enfatiza os valores humanos – transmuda-se, hoje, para gerência/organização, com o surgimento de estruturas flexíveis, respondendo ao comando de lideranças situacionais: e organizações em desenvolvimento para situações em mudança contínua.

NEGOCIANDO...

CONFLITO DE VALORES – Renovação humana e obsolescência

O trajeto entre duas cidades, de um interior esquecido, era de competência – e motivo de orgulho – da vetusta maria-fumaça. Todo dia, quase sempre não cumprindo horários, mas com dedicação exemplar, lá estava a locomotiva, comandando sua equipe, com zelo e liderança invulgares. Amava o que fazia, passava confiança aos seus parceiros-vagões e gozava de prestígio entre seus usuários. Em todas as estações era saudada com alegria: "Lá vem o trem!".

O caminho era suave, com muita vegetação, uma brisa constante, pássaros em revoada, já acostumados com a cadência, o ranger das rodas nos trilhos, o resfolegar da máquina e o célebre apito, anunciando a presença e pedindo passagem.

Um dia, a máquina ouviu burburinhos sobre novas tecnologias, modernidade, avanço do progresso. Palavras que não entendia, mas que lhe prenunciavam ameaças.

Tentou tranquilizar o comboio:

— Temos tradição, somos queridas, nada abalará nossas posições.

Mas, um dia, inopinadamente, chega o novo líder: uma máquina diesel, exuberante, orgulhosa, triunfante.

Não houve nem a última viagem, com as anunciadas cerimônias de despedida. O governador não teve agenda disponível ou preferiu vincular sua presença à estreia da líder emergente: a nova locomotiva.

A velha máquina iria para um museu. Mas, na verdade, nem isso aconteceu, sendo relegada a um trilho variante, esquecida, inerte, sem nenhuma perspectiva de futuro. E pior! Condenada a assistir sua antiga composição guiada por um "intruso", sentindo em seu coração que seus amados "vagões" também estavam com os dias contados.

Com a modernidade, virou sucata...

A obsolescência planejada, que torna máquinas e produtos descartáveis, recaiu também sobre o ser humano, descartando-o. A exclusão do homem gerou a sociedade violenta. Se a inovação tecnológica é irreversível, a desvalorização humana não é. A renovação contínua, com o espírito e a prática da negociação permanente, através do exercício do diálogo e do consenso, é o antídoto do obsoletismo.

2.12 Atitude organizacional

A empresa tem o compromisso inarredável de ser bem administrada. Esse é um ponto importante e muito pouco discutido: a empresa mal administrada é antissocial, injusta e anticristã, pois tende a gerar um clima hostil ao desenvolvimento.

O desperdício, cujas causas não são adequadamente diagnosticadas, não costuma ser contabilizado. Quando a crise torna-se aguda, a folha de pessoal, por ser um custo conhecido e sempre considerado muito alto, é a vítima invariável. Corta-se pessoal. Na sangria, esvaem-se bons e fracos, tendo como contrapartida a desmotivação, a insegurança e a revolta dos que ficam. A situação é ainda agravada pela deterioração da imagem pública da empresa. Com o desfalque dos talentos e a queda do moral, as crises seguintes serão sempre maiores. Nas tréguas, instala-se o conhecido círculo vicioso: tenta-se corrigir as deficiências funcionais com o ingresso indiscriminado de novos empregados. Conclusão: engordam-se novamente as estruturas. Até uma nova crise.

Nesses tempos em que a complexidade, em todos os setores, dificulta a vida humana, a organização convencional funciona como um descomunal obstáculo à realização do ser humano. O formalismo atua como condicionante do comportamento, informando e dirigindo a ação. Um dos óbvios esquecidos, habitualmente, é a causa primeira da burocratização, ou seja, o ser humano, que ao assumir atitudes burocráticas, torna-se seu agente disseminador básico, armando todo o arcabouço estrutural que dará consistência ao burocratismo. Daí porque o problema, em princípio, exige um tratamento teórico: a substituição de velhos conceitos por pressupostos condizentes com uma nova realidade em que, ao contrário do clima estável, defronta com uma ordem variável, em permanente mutação.

São as concepções, os valores aceitos que determinam as atitudes e os comportamentos. O ser humano tende a agir de acordo com suas crenças. Para exemplificar, valemo-nos do conhecido cientista social, Douglas MacGregor, com os seus célebres pressupostos da Teoria X (as pessoas reagem ao trabalho, evitando-o tanto quanto possível) e da Teoria Y (o ser humano procura a responsabilidade como forma de realização). A postura mental X ou Y, diante de um caso concreto (um empregado que reclama das condições de trabalho), determinará a ação: punir ou dialogar.

Assim, o problema da organização burocratizada implica, essencialmente, a mudança de mentalidade. A ênfase deve ser dada às atitudes, e não aos procedimentos. É com base no modo como os gerentes se comportam que resulta a produtividade. A receita para acabar com a papelada é a educação gerencial: descondicionar a visão centrada no detalhe, na forma, no processo e substituí-la por uma perspectiva de resultados. A mudança dos referenciais teóricos, portanto, é fundamental, ou seja, a adoção de crenças mais condizentes com os valores da nova realidade, em um mundo em mudança que exige, para a sobrevivência, flexibilidade mental e situacional. Quem não é adaptável perece; isto é válido para homens e organizações.

A ênfase deve estar na integração e no desenvolvimento das lideranças. O enfoque, portanto, é a qualificação das gerências. A desburocratização é uma estratégia muito mais cultural e política do que técnica, portanto, sua implementação só se efetiva se a organização contar com um corpo de dirigentes integrados quanto às orientações básicas e motivados para o autodesenvolvimento. A liderança precede a organização, o que vale dizer, é a liderança que aciona as estruturas. Enquanto a burocracia orienta- se em esquemas preconcebidos e modelos-padrão, inibidores à criatividade e a inovação. Não há desburocratização efetiva sem ampla negociação.

A função essencial de gerência é a habilidade de trabalhar em equipe, ou seja, aproveitar de modo eficaz os talentos de que dispõe a fim de obter resultados integrados, consequentes da ação diversificada, tanto intra como intergrupal. Essa é a base da organização sistêmica, da integração das forças positivas. O objetivo é a contribuição, uma vez que cada um pode, aplicando suas potencialidades, influir no resultado final. As forças, portanto, e não as fraquezas individuais e grupais, devem ser consideradas.

Numa organização formal, burocrática, esse entendimento torna-se inviável, pois devem obedecer, em regra, a procedimentos ritualizados. A experiência universal é incontestável ao demonstrar, como consequência, a síndrome da burocratização: o papelório, a complexidade processual, a demora do processo decisório, a irresponsabilidade. A resposta ao formalismo burocrático só ocorrerá por intermédio de gerentes esclarecidos, tecnicamente qualificados e com bons níveis motivacionais.

Comete-se um erro estratégico nas reformas realizadas nas organizações burocráticas quando certo órgão chega à saturação. A providência racional, provavelmente, seria extinguir o órgão, reformulando e revitalizando as funções necessárias por meio do desenvolvimento gerencial. Verificar quais os produtos exigíveis e como obtê-los de modo eficaz com os valores humanos disponíveis, partindo-se, portanto, da óptica da missão do departamento, dos homens engajados e de seus potenciais de força. Todavia, o que ocorre? Promove-se uma mudança estrutural, cometendo-se o já clássico erro estratégico nas reformas: dar um tratamento apenas técnico (abordagem de Organização & Métodos – O&M), quando o problema da ineficácia é fundamentalmente humano.

Outra providência igualmente ineficaz, usado como recurso artificial de sustentação, é tomar um órgão complementar como tentativa de higienização do sistema. Experimenta-se de modo temporário um novo alento; isto basta para dar a falsa impressão de situação recuperada. Não demora muito e o burocratismo leva a uma nova crise, agravada por uma estrutura mais complexa que, dentro do ritual burocrático, multiplica-se cada vez mais. Instala-se, então, o conhecido fenômeno das crises sucessivas.

A empresa é um todo sistêmico e saudável; qualquer intervenção reformuladora na organização, para resultar eficaz, deve considerar o sistema total. Para que haja negociação é essencial uma adequada *atitude organizacional,* definida como a concepção de que a função precede a forma e de que esta se configura a partir da ação de uma gerência participativa.

FIGURA 2.4 Ciclo da vida organizacional

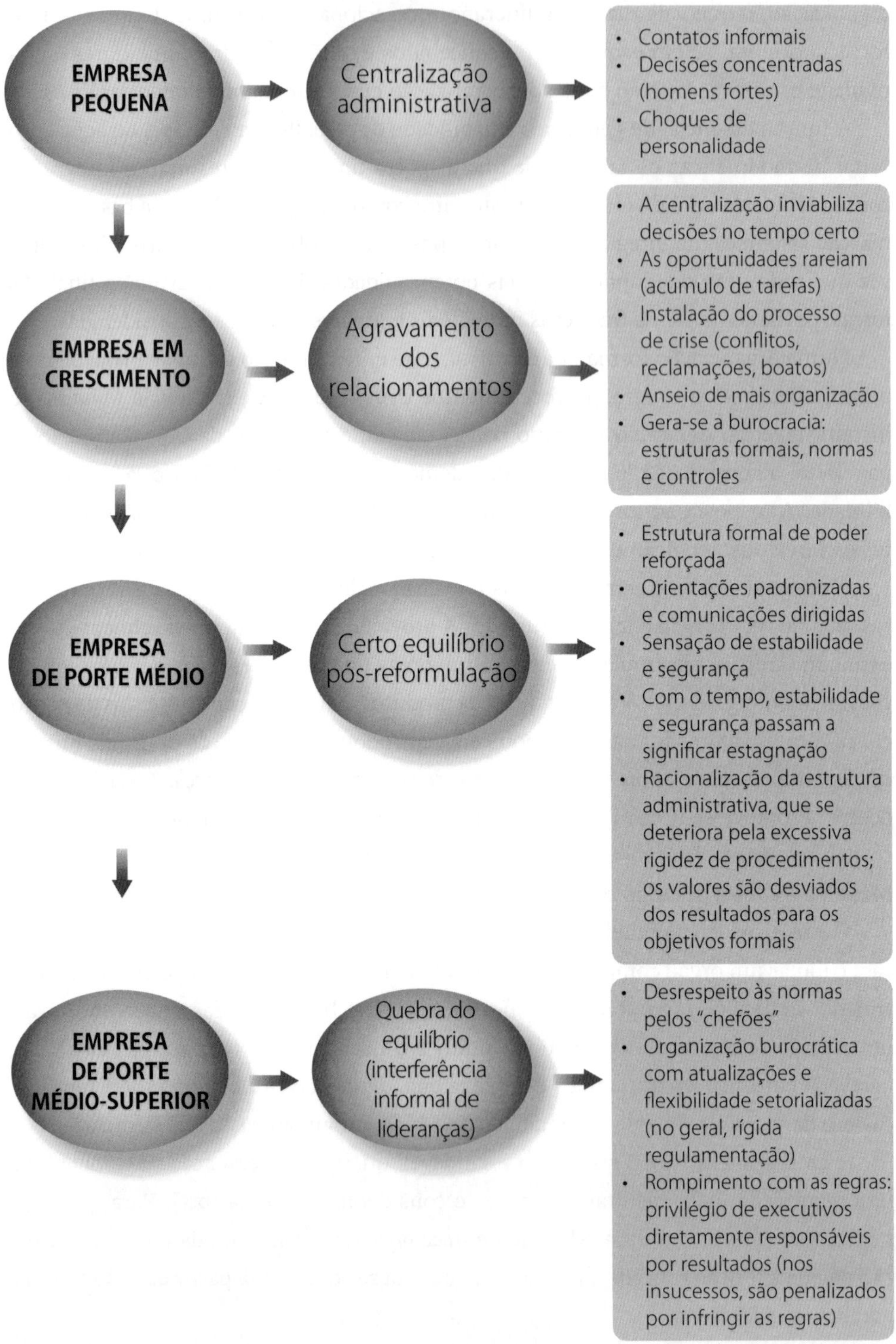

continua

continuação

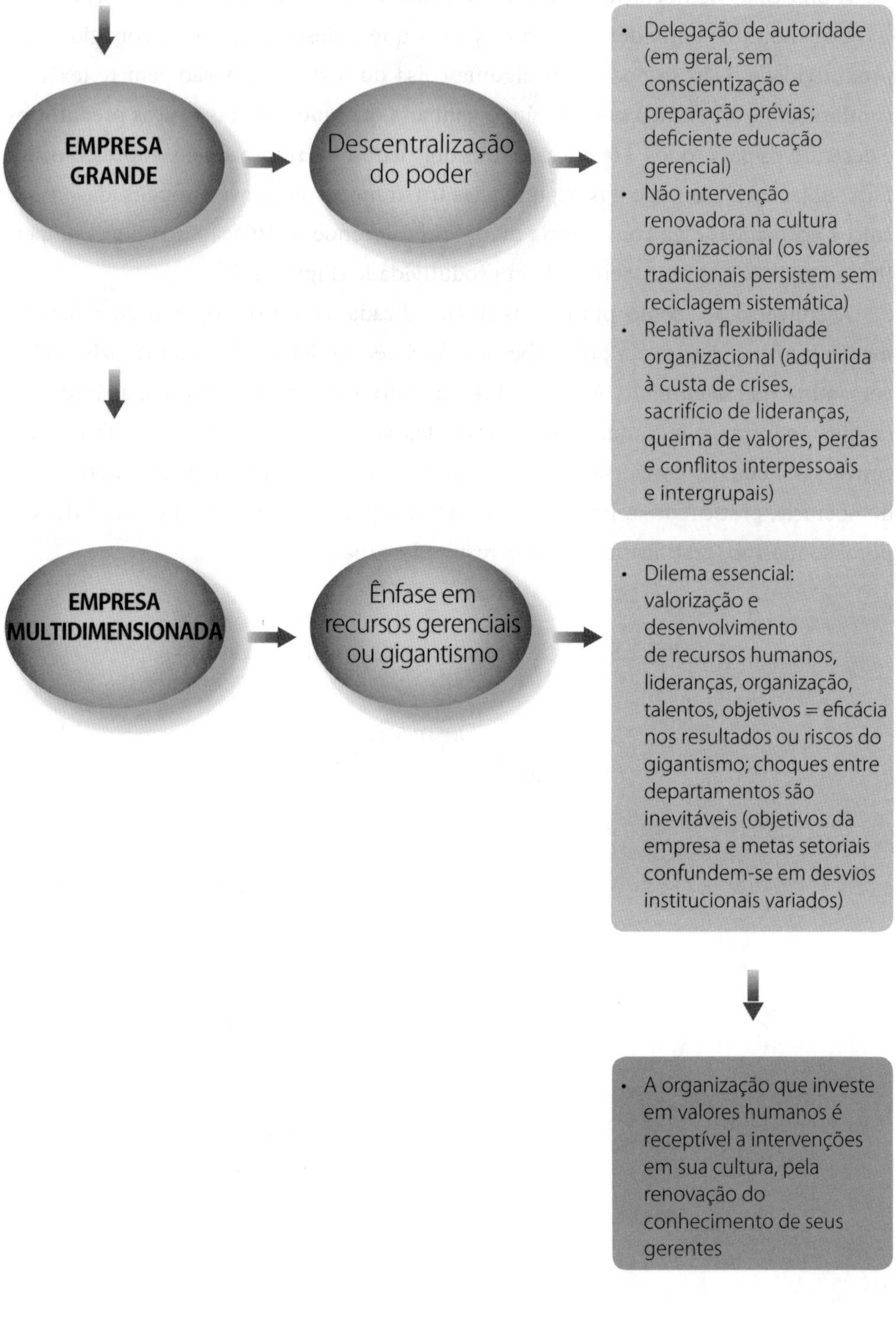

2.13 Conclusão: a negociação é exercício da democracia

A prática da democracia é o único indicador válido para realizar a democracia.

Os sindicatos aprenderam com as greves que o desemprego só é corrigido pela produtividade. Não se pode tirar alguma coisa do nada. A pressão sem reflexão, o conflito sem a abertura à negociação, o ganhar a qualquer preço são atos predatórios e destrutivos para todos. Há desgaste dos dois lados, e a retomada é sempre dolorosa. Fica subjacente o amargo das experiências frustrantes com greves impensadas, obstáculo à normalidade na convivência diária, prevalecendo a situação dividida, competitiva e hostil. É o círculo vicioso da improdutividade (Figura 2.5).

A conversação, como prática institucionalizada, como o oxigênio do relacionamento humano diário, é a porta aberta à convivência democrática no trabalho. Conversando é que se entende. A fala é o instrumento básico da integração e da interação, da mesma forma, é o grande motivador de desavenças e desencontros. Aprende-se a conversar, todavia, conversando; aprende-se a participar, participando; aprende-se democracia, praticando-a. Pode ser um exercício penoso, mas é o único verdadeiro e, por isso mesmo, gratificante em seus resultados finais.

FIGURA 2.5 O círculo vicioso da improdutividade

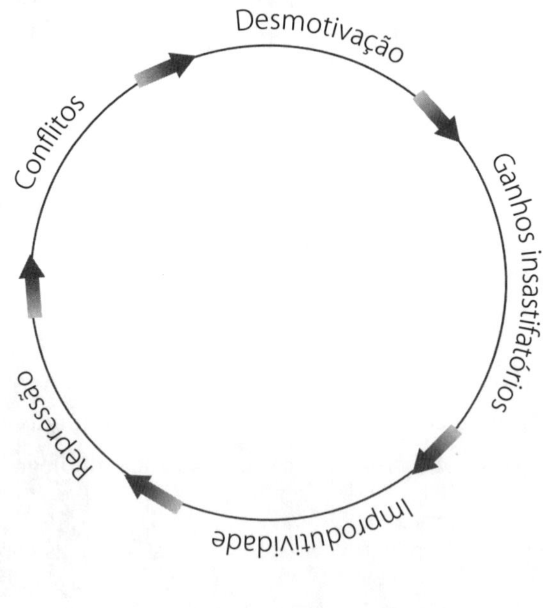

O milagre da cooperação, da reciprocidade, da comunhão de inteligências e vontades, da solidariedade, do amor cristão ao próximo acontece a todo momento, e é o que explica a realização humana, o eterno reconstruir, por mais fulminantes que sejam os impactos destrutivos.

Em vez do marketing do abismo, urge encetar, assim, a promoção dos investimentos e realizações no humano e no social.

2.14 A negociação exige uma nova liderança nas organizações

Os modelos tradicionais de organização, que orientam a maioria das instituições atuais, estão levando-as à ineficiência e ao insucesso, pois, num mundo de grandes organizações, estas foram se transformando em instrumento opressivo pela rigidez de seus princípios e práticas.

A obsolescência organizacional resulta exatamente da falta de percepção das lideranças para as transformações que se processam no ambiente externo e da consequente não renovação do trabalho e dos trabalhadores. As organizações obsoletas passam, então, a existir vegetativamente, à base de estímulos forjados, conseguindo uma apreciável sobrevida até chegar ao colapso fatal, com a cessação dos incentivos artificiais.

Enquanto isso não ocorre, jogam-se, a fundo perdido, recursos e energias preciosas. O animal está morto; examinemos, porém, suas células e lá encontraremos movimento. Em certas organizações, há atividade, agitação, movimento, mas poucos percebem que elas já estão mortas.

2.15 A crise das organizações é uma crise de liderança

A prática da democracia começa dentro das organizações, onde, como em um laboratório, se ensaiam as experimentações e tentativas de modelos alternativos e onde se forjam as lideranças autênticas. O modelo econômico sem dimensão social reflete instituições pobres na prática da liderança, da negociação, da vivência participativa.

O clima democrático do país revela, significativamente, as condições ambientais de suas instituições.

Se numa visão macro, distorções e perdas de qualidade organizacionais vão exigir das lideranças uma estratégia global, interdisciplinar, abrangente e participativa, capaz de engajar inteligências e sentimentos, motivações e capacidades, entusiasmo e combatividade para renovar e crescer, o mesmo é esperado de um governo democrático.

Por princípio, é o líder que molda a organização e não a organização que determina o líder. A orientação burocrática insinua o contrário dessa afirmação. Ao dar ênfase à organização, a burocracia condiciona as lideranças às suas concepções e princípios. Selecionam-se homens adequados às estruturas; o instrumental sobrepõe-se à essência da organização. Portanto, desenvolver lideranças e integrá-las é a única solução realista que efetivamente gerará instituições saudáveis, autossustentadas.

Fora de uma compreensão sistêmica, da interdependência organizacional, do desenvolvimento de líderes, do investimento maciço numa comunicação enriquecedora de experiências e informações – da qual resulte a imprescindível cooperação para resultados – não há possibilidade de vida democrática.

Criar a cultura da participação e do diálogo é fundamental à qualidade institucional, pois só assim desenvolve-se a criatividade e viabiliza-se a inovação.

Quando há vazio cultural surgem falsos líderes. Espaços vazios são preenchidos por aproveitadores impostos ou que se impõem como salvadores, sustentados por interesses inescrupulosos ou pela massa carente e desorientada. Não havendo líderes, fabricam-se déspotas.

> Ser líder de líderes: da integração gerencial depende a efetividade organizacional.

Atualmente, o conceito de liderança afasta-se cada vez mais do perfil característico à base de dotes inatos e magnetismo pessoal, tão louvados no período pré-científico e ainda praticados pelos que escondem, sob a máscara carismática, intenções manipuladoras e opressoras. Verifica-se que o conceito de autoridade gradativamente desloca-se do poder de propriedade, do status regimental, do carisma, para se configurar inerente ao processo administrativo, em que o conhecimento, a motivação, a integração, a produtividade e as variáveis situacionais vão condicionar o surgimento das lideranças necessárias.

Onde estiver o conhecimento, estarão a decisão e a liderança. Integrar conhecimentos, sistematizar decisões e coordenar líderes são a realidade de uma organização eficaz.

Organização liderada é sistema de liderança; não mais a figura dominante de um patriarca autocrático, absolutista, mas de um líder coordenando uma equipe de líderes.

Foi a contribuição decisiva das ciências comportamentais que conduziu a liderança à visão nítida do universo de trabalho, ganhando ênfase especial a *motivação*, correlacionada à integração. Estas são as condições essenciais para a busca da cooperação e contribuição criativas, que conduzem a padrões ótimos de desempenho e produtividade. O foco está nas necessidades humanas. Para atendê-las, criaram-se as organizações. A instituição sem o cliente, cujas necessidades devem ser satisfeitas, é mera abstração. Igualmente, se ela não se torna um centro vivo de interesses para a realização pessoal e profissional de seus componentes, é uma contrafação. Tende a se tornar manipuladora e ineficaz, funcionando à base de métodos coercitivos sem promover motivação; não cria, portanto, entusiasmo, criatividade e competências.

As relações interpessoais são outro fator de produtividade que estão diretamente influenciadas pelos estilos de liderança. O enfoque inicial, romântico, de colocar relações humanas como objetivo provocou, todavia, distorções e decepções que acabaram por reforçar comportamentos autocráticos, equilibrados com puro paternalismo.

Ao atuar sobre o clima organizacional, a liderança busca, por meio do relacionamento interpessoal sadio, o meio e a condição para a plena realização. Centrada no grupo, como preocupação vital, a liderança cuida essencialmente de preservar sua sobrevivência e promover sua expansão. O crescimento da equipe está relacionado à pesquisa sistemática e ao desenvolvimento de suas potencialidades.

O compromisso da liderança está voltado para a preservação do crescimento, que mais do que um valor quantitativo, é qualitativo, implicando fundamentalmente investimento educacional. Cresce a pessoa e também o grupo por meio de um processo de crescimento integrado, à base de lideranças integradas. Por sua vez, esta exige, para sua consistência e continuidade, a promoção de sistemas participativos e integradores.

O líder é um educador; a liderança, uma escola

Independentemente do efeito multiplicador do contato entre as pessoas, há na essência da liderança a decisão estratégica da educação sistemática, em termos de autodesenvolvimento e qualificação dos liderados. Em síntese, há o despertar de vocações, a geração de talentos, o impulso motivacional, o clima participativo, a cultura receptiva e estimuladora à autoformação e ao crescimento autossustentado.

Visão prospectiva é, portanto, o que se exige das lideranças nos dias de hoje, marcados pela mudança acelerada e pelas turbulências decorrentes, e não a visão estreita de dirigentes que se perdem em limitadas preocupações de ganho imediatista, de produção sem consideração de produtividade, de preocupações contábeis no nível episódico de receitas e pagamentos, descuidados do item básico de uma estratégia global:

> Que lideranças? Como desenvolvê-las e integrá-las? Que necessidades terei a curto, médio e longo prazo? Qual o potencial existente a ser desenvolvido?

Planejamento, organização e controle são extensões de força da inteligência e capacidades gerenciais.

O sistema de liderança responderá com instrumentalidade adequada às crises e turbulências do meio ambiente, que se constituem desafios à capacidade e ao talento. Assim consideradas, são até benéficas como recarga motivacional: transformam-se em estímulos de vida. Certa vez, o empresário Antônio Carlos de Almeida Braga, cuja história é marcada por incríveis superações de crises de sobrevivência e expansão empresariais, disse-nos, exasperado com a rotina administrativa, num período de "normalidade": "Sinto falta de problemas". Está aí a expressão da força motivacional do desafio, quando aceito, realisticamente, com garra e estratégia.

A sucessão de líderes, portanto, não é simplesmente uma exigência básica, dentro de uma *racionalidade geográfica*: valores para preencher os espaços vazios, gerados pelo crescimento físico. É a única segurança para a perpetuidade.

Na moderna concepção de liderança, esta se liga ao conhecimento, intimamente vinculado à situação. Onde está o conhecimento, está o líder para enfrentar desafios e resolver problemas. Isso é que dá força a um grupo: a livre manifestação dos talentos em benefício da equipe. A resposta está com quem está qualificado a dá-la. Desse modo, exercita-se a liderança com toda a equipe.

Liderar líderes é, assim, a extraordinária, desafiante e grandiosa missão que leva ao crescimento autêntico e autorrealizador dos grupos. Do exercício dessa dinâmica resulta a organização autorrenovada e eficaz.

Um instrumento básico do líder é a educação.

A educação é, por excelência, o instrumento básico do líder. Na verdade, o que o líder faz de substancial é educar. Sua influência social, como educador, leva-o à preparação de equipes como missão essencial. Como consequência, forma-se uma equipe produtiva, geradora de resultados. O mérito da ação do líder é a produtividade, resultante da motivação, da integração e da coesão grupais.

Avaliar desempenhos e promover o desenvolvimento são a garantia do sucesso gerencial, que se explicita primordialmente por meio de seus instrumentais básicos: trabalho em equipe e delegação de autoridade.

Trabalho em equipe resulta em comunicação.

A comunicação é outro instrumento básico que não se identifica com as preocupações de líderes individualistas da organização tradicional, centrada em meios, canais e técnicas. Sofisticadas aparelhagens e bem-estruturadas centrais de informação – demonstra de modo exaustivo a experiência – não garantem sucesso às comunicações. Paradoxalmente, constituem, não raro, mecanismos complicadores.

Já promovemos pesquisas em várias organizações, com aparelhagens modelares, em que, no entanto, a desinformação gerencial era o gritante fator de erros e de ineficácia operacionais. Diz-se, comumente, que vivemos na era da comunicação, mas esta não é instrumental, e sim essencialmente comportamental, estando intimamente ligada à integração das lideranças. É aí que deve ser analisado o problema.

A integração não surge de estrelas isoladas, mas da sinergia da constelação.

Compor o quadro de lideranças, de modo que garanta linguagem comum acerca dos objetivos, deveria ser a prioridade estratégica da organização, mas é a mais relegada das tarefas e causa frequente de insucessos.

As organizações progridem de modo duradouro não pelo brilho de estrelas solitárias, mas pelos resultados da sinergia da constelação. São lideranças integradas que determinam o êxito e o futuro das organizações.

A promoção de uma ampla e sistemática negociação quanto a rumos, definições e reformulações, visando oferecer respostas prontas às adaptações necessárias às mudanças, é o modo de agir característico de gerências participativas, condição básica para um efetivo processo de integração.

Afinar o pensamento diretivo, com vistas à internalização das políticas, estimulando o debate e minimizando os conflitos interpessoais, por meio da aprendizagem que a prática da reflexão em grupo proporciona, significa manter uma direção consciente das realidades e pronta para a ação coerente, oportuna e eficaz.

A falta de um pensamento diretivo é o que lamentavelmente ocorre sem que se atente para as causas reais do insucesso: a diretoria divide-se por mil vozes discordantes. Cada um fala uma linguagem, cada qual tem uma visão diferente da empresa e do negócio. É o que pregamos com insistência: há diretores, não há diretoria.

O fato óbvio, mas muitas vezes esquecido, é que administração se faz de cima para baixo, que os problemas de infraestrutura são, muitas vezes, originários de funcionamento inadequado no nível superior. Por falta de consciência e de diagnóstico adequado, são estabelecidas táticas de crise, fazendo-se interferências na síndrome do problema, insistindo nas tradicionais intervenções de O&M. Atacando-se os efeitos, alivia-se a dor, até que a sucessão de crises leve ao fracasso total. O fenômeno ocorre a todo momento, sem que se reflita sobre o quadro que lhe deu origem e se retire dele a lição útil à prevenção de novas situações críticas.

Quanto mais alto na hierarquia social, mais dependente o dirigente se torna. Chefes de estado, detentores de grande poder, revelaram, em desabafo, a terrível submissão às limitações do cargo. O presidente John Kennedy e o Papa Paulo VI – só para destacar duas extraordinárias forças de influência de nossa época – referiram-se, muitas vezes, melancolicamente, à "solidão do dirigente".

O líder depende, por mais alto que esteja na escala hierárquica, de um quadro de referências maiores (a força de conjuntura, a opinião pública, o sistema de autoridade representativa, as múltiplas forças de pressão social); está sujeito ao relacionamento, cooperativo ou conflitivo, com seus pares (colegas de função, fornecedores, clientes, concorrentes no mercado); é prisioneiro das informações e serviços prestados pelos seus subordinados.

Sem sua infraestrutura, sem toda a aparelhagem organizacional que lhe serve de suporte para agir, o dirigente pouco consegue. Fora do contexto de força, o poder se dilui. A posição ambígua do dirigente, subordinado em relação ao nível acima e superior frente aos seus dirigidos, coloca-o em permanente situação conflitiva. Ele deve satisfazer as expectativas de seus superiores, ser o porta-voz das políticas, intérprete das metas empresariais e agente motivador, ao dirigir os esforços da equipe para os resultados esperados. Ao mesmo tempo, deve ser o canal das motivações e reivindicações dos subalternos, além de exercer influência lateral, em relação aos seus colegas, visando à cooperação e à integração, numa dinâmica sistêmica.

As situações de conflito são, portanto, uma constante na realidade da vida grupal. Saber conduzi-las é, provavelmente, o maior desafio para as lideranças.

O líder é um gestor de mudanças.

Todos os dirigentes, num dado momento, defrontam dramaticamente com o desafio da administração de mudanças. A mudança está no âmago da ação gerencial. Atacando problemas não programados, situações imprevisíveis, transformações na estrutura, modificações na composição conjuntural é que o gerente põe à prova sua competência, exercita-se e se revela administrador eficaz.

Apesar de óbvio, é preciso enfatizar que a mudança é normal para o processo de crescimento. O que a diferencia, em nível estratégico, é a velocidade como se processa, no ritmo desconcertante de sua ocorrência e na diversificação dos fatores intervenientes. A transitoriedade torna-se, então, o único dado imutável do planejamento.

Exige-se, então, para a eficácia da liderança, que ela seja gestora de mudanças e, para tanto, que se exercite a habilidade gerencial na percepção de problemas. Essa atitude torna o líder um permanente diagnosticador e interventor na cultura das organizações, a fim de torná-las um instrumental eficaz de realização humana e social e, assim, garantia de crescimento autossustentado.

2.16 A integração do trabalho na vida da empresa

Com o amadurecimento das relações no trabalho e a consequente aproximação, mais íntima e cordial, entre empregador e empregado, surge a necessidade de novos mecanismos institucionais que efetivem a mútua cooperação.

A participação nos lucros, os ganhos de produtividade, as comissões de empresa, a cogestão, a autogestão vão se tornando manifestações espontâneas e práticas institucionalizadas, dentro de uma perspectiva evolutiva de educação empresarial, numa organização humana e humanizante, comunidade de trabalho, em que homens e estruturas se desenvolvem de modo harmônico. Esta é a saída saudável para uma época de turbulências sociais, em que a solidariedade se sobreleva aos expedientes da pressão e do conflito.

Possibilidades de ascensão pela competência e por critérios justos e racionais de promoção na hierarquia pressupõem uma consistente política de recursos humanos, renovável, em função de desafios que se diversificam na velocidade das mudanças sociais contemporâneas.

O processo universal de democratização das relações sociais vem criando condições de acesso do trabalhador à gerência, fruto da independência, da capacidade crítica e das pressões para maior participação que motivam o ser humano mais qualificado no trabalho. Daí a necessidade de novos instrumentos institucionais de participação, entre os quais ganham notoriedade as comissões de empresa, a cogestão e a autogestão.

NEGOCIANDO...

A coruja negociadora

Numa floresta distante, numa ilha perdida na imensidão do mar, havia um pequeno lago azul, onde dominava uma rã, orgulhosa de sua soberania. Ninguém a atormentava, a não ser os pernilongos noturnos.

Um dia, ao acordar, contemplava extasiada o ambiente colorido, quando deparou com uma bem urdida teia, tecida à noite com carinho pela aranha, alegre e feliz com a sua obra.

A rã, irada com o atrevimento da intrusa, destruiu impiedosamente sua teia. Tamanha violência não podia ficar sem resposta e a aranha foi buscar o apoio de sua tia caranguejeira, célebre por sua picada mortífera.

Diante da ameaça, a rã aflita procurou a coruja, reconhecida como sábia e competente negociadora.

A coruja comprometeu-se a intervir, lamentando a falta de conversação, que gera todas as crises.

Finalmente, tudo ficou resolvido.

A aranha teceu nova e exuberante teia e a rã, além de aprender a apreciar a beleza da construção, descobriu um ganho surpreendente: a teia funcionava como armadilha para os incômodos mosquitos que, antes, infernizavam sua vida.

Concluiu a coruja: quando todos percebem o que há de mutuamente válido, nas mínimas situações, a vida é harmoniosa e feliz.

TREINAMENTO DE NEGOCIAÇÃO

EXPERIMENTO 3 | Você conhece realmente seu colega? Você realmente se conhece?

Objetivo

Entender que para negociar com êxito é preciso conhecer a situação e as pessoas envolvidas. Conhecer-se e conhecer o outro são condições essenciais para uma conversação inteligente, objetiva, integradora e eficaz.

Sequência

1. Estabelecer grupos de duas pessoas e propor que leiam o Documento E2.1 — Você conhece realmente seu colega?
2. Em seguida, cada componente da dupla deve fazer uma relação sobre o que conhece de si próprio e outra sobre o que sabe de seu colega de dupla.
3. Depois, a dupla deve conferir os resultados e discutir as diferenças encontradas.
4. O coordenador da reunião promove a discussão final e a avaliação das conclusões de cada dupla.

E3.1 Você conhece realmente seu colega?

Uma das normas e técnicas mais importantes a observar para que uma reunião tenha êxito é que haja identificação psicológica entre os participantes.

É uma questão de integração humana, por irradiação da simpatia e interesse intrínseco em ajudar.

Avalie até que ponto você conhece seu colega: escreva ao lado de cada item as preferências dele, segundo suas suposições. Depois, confira o que você acertou ou não.

Considere os seguintes itens:

- time de futebol preferido;
- comida preferida;
- onde ele construiria uma casa de veraneio;
- onde empregaria dinheiro que estivesse sobrando;
- tipo de leitura predileta;
- jornal que lê;
- lazer preferido;
- naturalidade;
- estado civil;
- quantidade de filhos;
- escolaridade;
- participação em atividades comunitárias;
- sonhos para o futuro;
- ideal de felicidade.

E3.2 Você realmente se conhece?

A negociação envolve habilidades humanas (relacionamento interpessoal, estilos, motivações) e habilidades técnicas (processos). Conhecer os tipos humanos que compõem a mesa de negociação ajuda a estruturar a argumentação adequada que leva ao consenso e ao acordo.

As pessoas sempre trazem para o grupo aspectos de sua vida, contudo, muitas vezes, esses aspectos estão repletos de informações subjetivas.

Procure pensar um pouco sobre você mesmo:

- quem sou eu?;
- qual é meu objetivo na vida?;
- quais minhas três maiores realizações?;
- três coisas que ainda quero alcançar;
- cinco características positivas de minha personalidade;

- cinco características de minha personalidade que podem ser desagradáveis para os outros;
- de que gosto mais no meu trabalho?;
- de que gosto menos no meu trabalho?;
- como acho que os outros me vêem?

3 Qualidades e características do negociador

NEGOCIANDO...

Disponibilidade para negociar

— Estou de passagem pelo Brasil e há dois dias tento falar com o doutor Silva; o assunto é importante e urgente, pois devo regressar hoje. Havia passado um e-mail avisando sobre minha chegada, além de ter deixado recado telefônico.

— O doutor Silva tem estado em reunião permanente; quanto ao e-mail, provavelmente, veio para sua caixa particular e não saberia dizer se foi aberta. Vou novamente registrar seu recado.

Quem telefonava era um empresário francês que viera tratar de importantes negócios e tinha a propor uma perspectiva altamente promissora para a empresa, mas as tentativas infrutíferas redirecionaram as negociações para um concorrente. O doutor Silva, diretor comercial, posteriormente tentou exaustivamente corrigir a situação, mas era tarde demais.

Essa situação revelava uma questão viciosa e paradoxal, que vinha ocorrendo na empresa, por meio de excessivas reuniões, implicando em retardamento do processo decisório e indisponibilidades para o eficaz atendimento ao cliente. As frustrações com o acúmulo de afazeres e as indefinições levaram a direção a desestimular drasticamente as reuniões, inclusive as de diretoria, que eram semanais e passaram a ocorrer apenas em situações de emergência. Evidente que as reuniões não acabaram, mas não eram mais uma prática prestigiada, dependendo exclusivamente do estilo de cada liderança.

Questionamento:

Como corrigir os excessos e a escassez, mantendo o equilíbrio, já que a reunião é um importante instrumento de negociação e gestão?

3.1 O estilo participativo

Definimos a função gerencial como essencialmente educativa, pois ao gerente cabe a tarefa principal de formar e desenvolver equipes integradas e coesas em torno de objetivos comuns. Não há gerente sem equipe; não há gerência sem sentido educativo.

Mesmo um capataz deve saber dizer o que quer de seus subordinados a fim de atingir suas metas. Assim, mais do que um instrutor, para o qual a comunicação é instrumento básico, o gerente busca resultados grupais por meio da integração eficaz. O gerente atua sobre atitudes, hábitos, habilidades, sendo sua ação predominantemente induzida. Ele dá sugestões por meio de exemplos e busca a adesão livre pela conscientização.

A educação inserida no conceito de gerência implica o *ser líder*. O que a liderança faz de mais significativo é educar. É dessa forma que se dá o consenso em torno das verdades comuns do grupo, a compreensão clara quanto aos objetivos a perseguir, a fácil aceitação de responsabilidade crescente e a cooperação espontaneamente assumida em todas as situações. Por extensão conceitual, portanto, o gerente educador é sem dúvida um negociador permanente.

Em uma relação de liderança, nada é imposto, tudo é negociado, pois a participação é livre e responsável. Não há outra maneira de promover crescimento e maturação grupais. Noventa por cento do tempo do gerente, ou até mais, exige seu envolvimento no acerto de dificuldades e tensões interpessoais e intergrupais. Administrar conflitos é sua tarefa predominante e a negociação, seu instrumental básico. Negociar é, assim, uma constante na atividade gerencial.

Da filosofia às práticas operacionais, tudo é negociação. Dessa forma, a participação, a cooperação, a iniciativa e a criatividade surgem como manifestações autênticas de uma equipe integrada e produtiva. Defendemos como postura do novo gerente, para uma sociedade em transformação, o exercício de quatro funções relevantes, ou seja:

- como gestor de mudanças: portanto, um inovador;
- como gestor de conflitos: harmoniza interesses para objetivos comuns, concretos e produtivos, ou seja, um negociador;
- como gestor de oportunidades: direciona-se para transformar crises em resultados;
- aspira desenvolver-se para influir nos destinos institucionais.

Tal quadro de responsabilidade desenha um perfil de gerente negociador, pois hoje, mais do que nunca, um estilo autocrático de direção se mostra muito contraproducente. Ilusoriamente, o estilo autocrático até pode produzir resultados imediatos, mas o preço é desmotivação, desagregação e sabotagens de toda ordem. Manter a prepotência exige *força bruta*: coerção, intimidação, manipulação e punição. Pelo trato individualista e pela quebra da unidade da equipe, as energias são exauridas e as consequências são o conflito e a improdutividade.

O estilo participativo de gerência, ao contrário, apoia-se num amplo acordo sobre objetivos e metas. Uma gerência democrática reflete o momento cultural de hoje, em que os direitos humanos ganham expressão universal e as conquistas educacionais estimulam os anseios por instituições livres.

As organizações, a fim de se adaptarem a um meio externo em transformação vertiginosa, precisam desenvolver um ambiente interno consistente e coerente, sem o que serão incapazes de responder prontamente aos desafios da mudança. Participação, envolvimento, delegação, cooperação, contribuição e negociação serão continuamente os termos-chave da dinâmica do relacionamento gerencial.

3.2 Perfil do gerente como negociador

No Capítulo 4, Introdução à metodologia da negociação, relacionamos características de eficácia na conduta do negociador: honestidade de propósitos, credibilidade, receptividade aos pontos de vista do outro, abertura para novas situações, coerência, tolerância, empatia.

Ampliando a perspectiva do perfil do gerente-negociador, que o qualifica a um padrão de alta eficácia, desenhamos um quadro compreendendo, em essência, as áreas de conhecimento e vivência que devem ser dominadas. Temos, assim, que o perfil do gerente-negociador resulta do fato de ele ter domínio sobre algumas situações e aspectos, como veremos a seguir:

- *Domínio e influência sobre a estratégia da empresa.* Manifestar- se por meio de uma contribuição efetiva aos valores, objetivos e resultados organizacionais.
- *Domínio da cultura organizacional.* É o perfeito conhecimento da história, filosofia, dos princípios, hábitos e tradições que influem nas políticas e condicionam atitudes e comportamentos.
- *Domínio da situação externa.* Conhecer a conjuntura sociopolítica e econômica e suas influências sobre o negócio.
- *Domínio da filosofia gerencial.* Reconhecer os valores, estilos e técnicas adequados à gestão e saber como desenvolvê-los com eficácia.
- *Domínio das técnicas instrucionais.* Saber definir a qualidade do saber e as técnicas de transmissão do conhecimento.
- *Domínio das relações no trabalho e das relações com as organizações representativas e sindicais.* Manter um sistema permanente de conversação e bom relacionamento no trabalho e de habilitação das gerências à negociação.
- *Domínio das situações em mudança.* Estar preparado para a superação de crises e para o processo de mudança planejada de estruturas, sistemas de valores, modelos, técnicas e procedimentos.

Cada vez mais, desenvolvimento torna-se sinônimo de educação. Educação no trabalho e educação do trabalho significam empresa-comunidade aberta, autodesenvolvida, autossustentada; promotora do progresso social; esteio de uma nação forte.

Warren Bennis, que concilia a experiência de consultor de empresas com o de reitor de universidade, dizia que "há cinquenta anos, a instrução era chamada de 'não trabalho', e o intelectual (e muitos assessores), na folha de pagamento, era considerado 'despesas gerais'. Hoje, a sobrevivência das empresas depende, mais do que nunca, do aproveitamento apropriado das forças intelectuais".[1]

A velocidade das mudanças – que caracterizam o mundo contemporâneo – torna a inovação fator de sobrevivência para as organizações. Para que a inovação seja aceita, aplicada e comercializada, surge outra função imprescindível: o *marketing*. Inovação e marketing são considerados, hoje, as funções essenciais da empresa, ante as situações incertas de uma realidade em permanente e acelerada transformação.

A consistência e a eficácia de tais funções dependem de uma condição, quase sempre não conscientizada, tendo a educação contínua como sistema. Ou seja, não a

1 BENNIS, Warren G. *Desenvolvimento organizacional*: sua natureza, origens e perspectivas. Trad. Meyer Stilman. São Paulo: Edgar Blucher, 1972.

educação programada na empresa, mas a educação como programa de empresa, apoiada em um sistema orgânico, no qual a instituição da gerência participativa – exigência básica dos novos tempos, centrada no ser humano e em suas motivações – consolida-se por meio da postura do gerente-educador.

Não se trata da atividade educacional, numa concepção departamentalizada, tão ao gosto das organizações burocráticas, mas da educação como responsabilidade gerencial, permeando todas as ações administrativas, como uma manifestação espontânea da cultura organizacional, da filosofia da empresa, dos princípios, estilos, métodos e técnicas adotados no cotidiano das organizações. A própria atividade empresarial, como exercício orientado, constitui a escola do trabalho, por excelência. A educação em gerência identifica-se com a essência da administração; é muito mais uma questão de estilo do que de técnicas pedagógicas aplicadas.

Inovação, marketing, liderança, educação não se realizam por força de estruturas, programas formais, recomendações estatutárias e manuais primorosos, que só são válidos como peças instrumentais de um processo mais amplo de atitudes que se explicita na ação de gerências conscientizadas e com a necessária habilitação técnica.

O relacionamento chefe-subordinado e, a rigor, toda a dinâmica administrativa são situações de aprendizagem permanente, pressupondo atitudes e comportamentos educacionais das gerências. O sentido de missão nasce com a identificação dos objetivos da empresa e do indivíduo, numa linha de complementaridade em que se justificam as diferenças como elementos enriquecedores de um processo efetivo de integração grupal. As diferenças pessoais, quando eficazmente gerenciadas, deixam de ser conflito predatório para se converterem em legítima condição de desenvolvimento.

O gerente-educador (esta terminologia é redundante, pois a gerência ou funciona como educadora ou é simplesmente encarregada de grupo ou zeladora do cumprimento de normas) é o esteio da organização aberta, sensível às transformações, respondendo a estas com ajustamentos adaptativos e inovadores. Corresponde ao homem *agente de mudanças* como produto da educação e da formação profissional (desenvolvimento de valores humanos).

Diante da complexidade crescente que a função da gerência vem enfrentando, tendo em vista a velocidade dos avanços científicos e tecnológicos, os riscos do obsoletismo aumentam. O que indica, como imprescindível, uma estratégia permanentemente renovada ou, em outras palavras, a educação gerencial contínua.

Convém repetir que desenvolvimento gerencial deve ser considerado não como um programa na empresa, mas como um programa de empresa, mais de atitudes do que de comportamentos estereotipados. A situação de trabalho é a primeira realidade em termos de desenvolvimento: como interagem indivíduos, chefias, ambiente. O desenvolvimento gerencial é, assim, um processo eminentemente integrativo.

Associar desenvolvimento gerencial a crescimento empresarial e identificar os planos estratégicos de expansão com educação gerencial significa planejar competências para a função de hoje e desempenhos ótimos para as atividades do amanhã. O planejamento estratégico é a referência básica: os planos da empresa devem prever as necessidades em valores humanos e a qualidade e as qualificações gerenciais requeridas para os novos desafios. Tais enfoques levam à programação gerencial e às iniciativas de investimento em formação profissional. É inquestionável a nova dimensão educacional que vem sendo atribuída à empresa e ao empresário.

Torna-se um imperativo, portanto, para as organizações, sob o impacto dos processos acelerados de mudanças políticas, sociais, econômicas, científicas e tecnológicas, a percepção estratégica em associar educação e inovação com oportunidades e estas com resultados e desenvolvimento. A concepção do gerente como educador é o ponto essencial dessa estratégia. O propósito da educação no trabalho está diretamente vinculado às consequências em termos de mentalidade empresarial renovadora.

A percepção do que está ocorrendo, o talento para descobrir e abrir novos caminhos, as capacidades gerenciais para a seleção e o emprego de tecnologias eficazes e do melhor aproveitamento dos talentos humanos pressupõem o domínio do conhecimento e a definição de uma estratégia, compreendendo:

- *conhecimento da situação*: saber o que se passa (análise da conjuntura);
- *identificação de concepções*: saber exatamente o que se quer (filosofia, políticas, estratégia);
- reconhecimento da forma de atuação: saber como quer (táticas de ação).

Discutir a valorização da educação no trabalho é imprescindível na organização. Todavia, por serem conceitos tão óbvios, o direito à vida, o direito à natureza e o direito a uma atividade digna vêm suscitando, ao longo da história, conflitos infindáveis. Há um longo caminho a percorrer até que as convicções sobre qualidade de vida se imponham como filosofia de trabalho. Longo também foi o tempo percorrido para que se chegasse às conquistas sociais no campo trabalhista. Conquistas tão significativas encorajam o esforço continuado.

O extraordinário avanço científico experimentado nos últimos anos vem gerando formidável e estonteante arsenal tecnológico que caracteriza o presente, e prenuncia o que serão os anos vindouros, o policrômico cenário do mundo do trabalho.

Com a Revolução Industrial, ocorrida entre os séculos XVIII e XIX, destacou-se a figura do empresário industrial que encarnava o poder por intermédio da organização. Foi o período dos pioneiros, das genialidades, dos líderes carismáticos, do individualismo.

Hoje, a empresa constitui-se, por si mesma, de forma institucional, num extraordinário potencial de força, pelo poder de influência socioeconômico que exerce. Torná-la uma força educacional será, possivelmente, dar expressão à mais nobre das missões do empresário nesta nova década.

O desenvolvimento gera sempre novas e multivariadas exigências, alargando o espaço educacional a ponto de ser impossível para a escola atendê-las adequadamente. Muitos teóricos – e muitos pragmáticos – procuram diferenciar de maneira equivocada o mundo do trabalho do mundo da educação. Com isso, trabalho e educação perdem em dignidade e a consequência é a despersonalização: um trabalho massificado, uma educação discriminadora.

A empresa, como alternativa extraescolar, é uma das principais instituições capazes de suprir as crescentes lacunas no sistema de formação profissional, de vencer o vazio científico, o abismo tecnológico a que se condena a estrutura escolar, quando força solitária, premida a fatalístico atraso cultural.

A posição binária em que, tradicionalmente, se colocam como situações distintas o acadêmico e o pragmático é altamente prejudicial, pela sua falsidade. Tal posição corresponde à visão equívoca tão comum da teoria *versus* prática, em que perdem a escola e as instituições produtivas, ao se distanciarem.

Estimular a integração escola-empresa é matéria urgente, imprescindível à promoção econômica e social, num mundo em revolução do conhecimento. A resposta da escola aos impactos e desafios da sociedade em mudança foi a tentativa de ampliar o conhecimento no tempo, por meio da pós-graduação e várias formas de complementação, treinamento e reciclagem. A maneira efetiva, todavia, de diminuir as distâncias culturais é buscar o conhecimento no espaço, estreitando os vínculos interinstitucionais, ampliando as articulações e estabelecendo o fluxo sistêmico com todas as organizações sociopolítico-econômicas (governo, família, igreja, imprensa, empresa etc.).

A empresa sempre foi, embora quase nunca consciente de seu papel, a escola de trabalho, o centro vivo de treinamento, sendo que o trabalho tem um sentido nitidamente metafísico, pois atende não só a sobrevivência, como as necessidades nobres do ser humano. Qualidade do trabalho significa qualidade das instituições, qualidade organizacional, qualidade das lideranças. É um sistema integrado de lideranças que garantirá a qualidade do trabalho e a qualidade da vida no trabalho.

No Brasil, a legislação antecipou-se à realidade social e as empresas tiveram de se conformar com um certo artificialismo cultural, absorvendo valores muitas vezes distorcidos pela pressão legislativa. Foi nesse clima que a negociação nasceu.

Há diálogo na empresa? Negocia-se internamente? A organização formal permite a negociação? A burocracia é sabidamente a antinegociação, tanto na conceituação (tudo já está regulamentado), como na prática (os complicadores estruturais dificultam e distanciam as relações hierárquicas).

Investir no *hábito de negociação* implica um trabalho pedagógico, visando a uma mentalidade gerencial voltada para a participação sistemática. Preparar a empresa para a negociação significa melhorar a organização e a própria qualidade do trabalho.

No Seminário Internacional de Educação e Trabalho[2] apresentamos uma proposição, que foi aprovada, sobre a formação de negociadores nas relações de trabalho, por intermédio da organização de cursos de pós-graduação e de treinamento de negociadores, em convênio com a universidade, envolvendo a produção de trabalhos técnicos (estímulo a uma literatura extremamente carente) e a realização, por intermédio de entidades patronais e de empregados, de cursos, seminários e debates, objetivando a preparação e o treinamento de negociadores.

Naquela proposição dizíamos que, com o advento de um sindicalismo atuante, gerador de lutas e reivindicações, seria vital a busca do diálogo, com vistas a negociações eficazes que levassem à harmonização de interesses.

O conflito – fenômeno comum às situações e metas diversificadas – será minimizado somente por meio de um sistema institucionalizado de conversação. É imprescindível que se mantenham o canal e o fluxo permanente de relacionamento empregador-empregado. Essa dinâmica tem início no âmbito interno das organizações, e é muito mais de atitudes do que instrumental, baseada na competência e no desempenho de administradores habilitados.

É evidente que não dispomos de profissionais capacitados na área de negociação, seja por falta de tradição significativa em relações no trabalho, seja porque nossos sistemas educacionais pouco valorizam esse setor. Está na hora de cuidar seriamente da qualificação dos personagens que deverão atuar no processo de negociação.

---

2 Seminário Internacional de Educação e Trabalho. *Confederação Nacional da Indústria*, 1980.

A qualificação do gerente-negociador identifica-o como um educador típico. Desse modo, apresentamos um quadro de referência ao processo de formação de negociadores na empresa:

1. Conceituação básica da gerência
   - Essência da função gerencial: tomar decisões e obter resultados por intermédio da equipe. Implica integração e negociação.
   - Obtenção de resultados: é preciso saber liderar; é preciso ser educador/negociador.

2. Competência como chefe
   - Saber compreender: motivações do pessoal.
   - Saber se comunicar: instruir o pessoal.
   - Saber distribuir o trabalho: designações e delegações.
   - Saber acompanhar: avaliação de resultados.

3. Características de nosso tempo
   As intensas transformações pela aceleração das mudanças exigem:
   - Da gerência: capacidade para perceber e administrar o novo.
   - Do gerente:
     - que seja um *diagnosticador*, capaz de ler e analisar situações;
     - que seja um *interventor*, capaz de influir no equacionamento e nas decisões sobre situações-problema;
     - que seja um *inovador*, capaz de antecipar tendências e implementar oportunidades;
     - que seja um *líder*, capaz de utilizar com eficácia os instrumentos básicos de gerência:
     - *comunicação em grupo* (reuniões): meio de obter a coesão das pessoas (integração); meio de tornar as políticas conhecidas, conscientizar, estabelecer o diálogo criativo, estabelecer objetivos, negociar metas, criar alma comum;
     - *delegação*: meio para estender a força gerencial, promover o autodesenvolvimento, despertar a criatividade, estabelecer a corresponsabilização por resultados (eficácia).
     - Esses recursos ajudam os gerentes a cumprir as metas de desenvolvimento e eficácia que, em síntese, consistem em:
       - alargar a base conceitual e a compreensão sobre as realidades organizacionais;

- criar uma mentalidade gerencial compatível com o processo de renovação institucional e de negociação na empresa;
- estimular o autodesenvolvimento e a criatividade.

NEGOCIANDO...

Negociação não se improvisa

> Se alguém sofre de pneumonia e está se afogando, primeiro é necessário salvá-lo do afogamento.

Há situações críticas que determinam prioridades, sem que se descuide da continuidade do processo.

Quando entre as partes em litígio existe um fosso de desconfiança e fortes rejeições, não há clima para chegar à mesa de negociação e buscar acordos. Dessa forma, é imprescindível um trabalho preventivo de pesquisa dos fatores de divergência e acerto nas intenções para que haja condições mínimas para que a conversação se realize.

O esclarecimento dos fatos e suas análises objetivas, vão abrandar os excessos temperamentais e aliviar atitudes beligerantes como garantias de necessário nível de tolerância, acolhimento, renúncia e compreensão para o entendimento e acordos, mutuamente satisfatórios, sem o qual a negociação torna-se praticamente inviável.

Negociação e efetiva liderança

> Os rios não se entendem, não há negociação.

Chegou a temporada das chuvas e, com elas, as correntes de água que se precipitavam volumosas das montanhas.

Uma dessas correntezas, desenhando um curso irregular, formou um leito precário e virou rio. Engrossado pela constância da chuva e pela absorção de pequenos lagos, como ele também gerados artificialmente, já se considerava um grande rio.

Sentindo-se com muito poder, quis ampliar suas conquistas, avançando em direção ao pequeno rio, natural da planície, que embora alimentado pelos incentivos da chuva generosa, sabia de sua vocação e possibilidades. Admitia negociar, mas não abria mão de sua soberania.

O grande rio, orgulhoso e despótico, queria tudo e, assim, desviando sua direção, investiu na conquista de novos lagos e outros cursos de água, igualmente sem nascentes naturais.

Sem base concreta, viveu da ilusão e do apogeu da conjuntura favorável, sem buscar alianças vitais.

Quando, afinal, cessaram os incentivos, com o declínio da estação das águas, o orgulhoso grande rio, exangue, tenta desesperadamente, num esforço derradeiro e inútil, estender o braço ao pequeno rio, que distante e sereno, assiste à agonia de mais um aventureiro...

A liderança é solidária. Motivações negativas não produzem positividade. Cria-se o clima beligerante, em que a competitividade encobre o ódio disfarçado, em que todos passam a ser concorrentes que devem ser eliminados. Predominam o individualismo e a prepotência. A motivação é impor, não negociar.

A segurança e o êxito da negociação estão na solidariedade e na integração que sustentam a liderança autêntica.

3.3 A conversação como habilidade gerencial

3.3.1 O EMBASAMENTO CULTURAL NECESSÁRIO À EFICÁCIA NAS NEGOCIAÇÕES

Concentrar-se na atividade, cumprir objetivos e metas, buscar resultados é o que geralmente se espera como compromisso básico da gerência. Vários são os meios para obter esses propósitos: claro que o treinamento, favorecendo o conhecimento específico – métodos e procedimentos adequados –, é um auxiliar inestimável.

Todavia, a eficiência e a eficácia na gerência não decorrem de um compromisso estritamente técnico, pois este tende a esfriar o relacionamento humano, dificultar os contatos, endurecer a postura e criar atitudes hostis.

Considerar unicamente a atividade importante acaba por levar, paradoxalmente, à negação da própria atividade, ao esvaziar-se seu conteúdo essencial que é de natureza humana. A gerência é, por definição, relacional. O que o gerente realiza de modo contínuo são as relações interpessoais, orientando, levando à ação, promovendo contatos, atendendo clientes, conduzindo entrevistas funcionais. Sua função básica é a comunicação, e seu instrumento, a conversa, o diálogo, a palavra.

Saber orientar relações e motivar clientes e subordinados a um saudável entrosamento exige bom domínio de informações e uma razoável base cultural, para que a conversação se torne agradável e sugestiva. Em geral, a formação do profissional é distorcida pelo excesso tecnicista em qualificá-lo.

Há uma falsa noção de objetividade que tende a estreitar os interesses, empobrecendo o relacionamento. Perde-se, com isso, um grande potencial de força, inclusive na conquista e manutenção da clientela (distingue-se aqui o conceito de *cliente* – consumidor engajado, fiel à organização – de *freguês* – o consumidor esporádico, sem vínculos duradouros, para o qual um atendimento formal pode ser satisfatório em termos imediatistas).

As pessoas se identificam e criam laços, fundamentalmente, pelo sentimento, pela confiança mútua, e não apenas por um bom atendimento técnico que, como tudo, é sujeito a falhas. Diante de uma eventual frustração técnica, o que apoia e supre as deficiências é o relacionamento humano; é a tradição no trato amigável.

Habilitar gerentes a uma boa conversação é matéria essencial em seu processo de desenvolvimento. Saber conversar com colegas e subordinados sobre a filosofia e a cultura da organização – seus valores e políticas –, sobre as teorias e técnicas de gerência, de comunicação e de clientela e obter melhores resultados é importante. Tão relevante quanto isso é saber conversar sobre generalidades, interesses comuns e a realidade de nosso tempo.

É vital que o gerente saiba conversar sobre os acontecimentos sociopolítico-econômicos, em termos das grandes transformações no mundo e em nosso meio.

Ele deve falar sobre inflação, dívida e juros, como também sobre os movimentos artísticos e literários; sobre cinema e teatro (interpretação de um filme e de uma peça teatral); sobre a moderna literatura (os livros de mais sucesso na atualidade, bem como seus conteúdos e mensagens; os cientistas sociais, poetas e romancistas e o significado de suas obras); sobre as várias formas culturais de expressão (o folclore, o carnaval, o futebol, o humor, as religiões, a música popular, as artes plásticas, a fotografia, o artesanato etc.).

Por mais que seja intensa a atividade gerencial, há sempre lugar para uma conversa descontraída, enriquecedora, amena e envolvente, capaz de alegrar o espírito, estreitar laços de amizade e facilitar o entendimento. Uma boa conversa aproxima as pessoas e promove negócios. Nesse sentido, a realização de um programa regular de reciclagem cultural para gerentes, incluindo palestras, painéis, debates com especialistas, seminários e cursos é tão importante quanto um programa de marketing ou de mercado de capitais. Não se trata de um curso, numa acepção convencional, mas de uma sequência de sessões em que são explorados determinados assuntos por meio de uma estrutura metodológica modular. Cada módulo compreendendo cinco sessões de duas horas cada, com leitura prévia e indicações bibliográficas para consulta, em que o expositor conduz as sessões em nível de diálogo descontraído, oferecendo informações, sem, todavia, enveredar por incursões acadêmicas, pois o objetivo não é formar, mas fornecer a informação básica, indicar fontes de consulta e motivar o interesse individual em aprofundar conhecimentos.

A grande meta de um programa dessa natureza é abrir a cabeça do gerente para que descortine novos horizontes e não se estreite e se amesquinhe por uma rotina não criativa e culturalmente empobrecedora.

Sem perda da objetividade exigida para a concretização de negócios e a obtenção de resultados, o enriquecimento cultural torna o gerente significativamente mais habilitado e eficaz, dando-lhe a imprescindível flexibilidade mental e destreza de comportamento para adaptar-se às transformações e enfrentar os impactos e desafios contínuos e diversificados de um mercado instável e de uma sociedade em mudança.

Nenhum meio de comunicação, por mais sofisticado que seja, supera, em eficácia, um contato pessoal agradável, inteligente e criativo.

NEGOCIANDO...

Atitude

Na ameaça, a oportunidade.

Sem rumo e exausto de não fazer nada se jogou no barco e saiu à deriva. Quanto tempo permaneceu assim, não soube, acordando com um tranco violento. A canoa havia trombado num barranco, e em pânico percebeu que estava diante de uma imensa sucuri. Esta o fixou por um momento e disse-lhe que não se assustasse, pois estava saciada e seu aspecto miserável não lhe dava nenhuma apetência, mas o advertiu: — Sua canoa abalroada irá afundar em segundos. Apavorado, e já se afogando, lembrou-se de que não sabia nadar. Nisso, surpreendentemente, a serpente enlaçou-o e o arremessou para a terra, desaparecendo em seguida.

Pensou: — *Que destino ser salvo por uma sucuri.*

A coruja, que tudo assistiu, disse-lhe: — *Você é uma pessoa privilegiada, conseguiu a cooperação de um temível predador e ainda descobriu essa terra, em que involuntariamente aportou, cheia de riquezas inexploradas.*

Certamente, não é um bom negociador quem não sabe enxergar oportunidades. A negociação exige competência e muito mais: atitude! Nem sempre podemos contar com a presença de uma sábia coruja...

TREINAMENTO DE NEGOCIAÇÃO

EXPERIMENTO 4 | Atitude de negociador: PENSAR!

Objetivo

Levar os participantes a se conscientizar de que a dinâmica da negociação repousa em confiança recíproca, no espírito de cooperação, em assumir compromisso, em abertura ao acordo e em trabalhar com a verdade. Envolve, assim, uma ambiência educacional que privilegie o pensamento crítico. O objetivo principal do exercício, portanto, é o de oferecer subsídios à definição de uma pedagogia na negociação na linha do pensar criativo e inovador.

Fundamentação

Quem não pensa desestimula o outro a pensar.

Não há negociação efetiva se não existem pensadores dialogando. O monólogo ocorre quando alguém fala – não necessariamente pensando – e o outro passivamente escuta, sem ouvir. Ocorre uma "conversa" de *surdos mentais*. Pode haver barganha, não negociação, que é um processo inteligente. Na educação de negociadores é imprescindível o exercício do pensar estratégico em equipe. Nesse sentido, exercitar o ouvir e o dialogar.

Sequência

E4.1 Leia e reflita

Leia e reflita sobre a parábola a seguir associando-a ao processo de negociação quando é exercitado o pensar crítico, criativo (ideias originais) e inovador (aplicação à solução de problemas).

Estratégia de poder: não pensar!

O rei da selva estava inquieto. Sucediam-se manifestações da bicharada, consideradas gestos de rebeldia ao poder absolutista, até então inquestionável, do rei.

Os métodos manipuladores já não vinham surtindo os efeitos habituais. As elites e o povo queriam participação.

Num momento de exaltação, o rei esbravejou:

— Tenho pressa em realizar obras magníficas. Não posso parar para discussões inúteis.

Seu assessor o aconselhou:

— Para manter sua autoridade, suprima o pensamento.

— Como? – Retrucou o monarca, estupefato.

— Simples! Baixe um ato de que é proibido pensar. Feche jornais e rádios, substituindo-os por noticiários e cultura oficial, estabeleça regras rígidas às escolas, para que transmitam apenas o conhecimento formal, sem reflexão crítica, e mantenha a televisão com programação circunscrita a novelas, programas humorísticos e de variedades. E, o que é muito importante, promova reuniões, muitas reuniões. Assim ninguém terá tempo de pensar e ainda terão a sensação de que estão participando. Nada de negociar, para não demonstrar fraqueza.

O rei leão acolheu as sugestões e tudo parecia acomodado. Passou o tempo. O macaco, filósofo e professor numa universidade europeia, chegou à corte e, sentindo o estado depressivo do povo, alienado, ferido em sua dignidade e cidadania, sem liberdade e sem criatividade, teve uma ideia, mas foi imediatamente preso em penitenciária de alta segurança.

Um dia, conversou fortuitamente com o carcereiro sobre sua ideia e este, durante o jantar em casa, comentou com seus familiares. Sua ideia foi transmitida a muitas outras pessoas. Para adiantar a história: o macaco conquistou o trono, numa revolução fulminante, e sua posse foi consagradora, com a presença dos reis das florestas vizinhas.

Um ano depois, o rei macaco atormentava-se com críticas e reivindicações. Estava inquieto e tenso, quando seu conselheiro político, matreiro e calejado nas lides palacianas, confidenciou-lhe:

— Majestade, há um jeito de restabelecer a ordem e garantir a continuidade do seu governo: suprima o pensamento...

Os autoritários temem negociar, daí desestimularem o pensar coletivo, a conscientização e a opinião reflexiva, inteligente e questionadora. Melhor suprimir o pensamento com a manipulação, a massificação, a burocratização, a centralização. Nessa ilusão têm êxito momentâneo, pois a História não se cansa de provar o contrário.

E4.2 Promova discussão

Promova discussão em subgrupos com vistas a esclarecer e definir os seguintes pontos básicos:

- Situações típicas de fragilidade da negociação por inibição do pensamento crítico que ocorrem em seu ambiente sócio-profissional.
- Sob uma perspectiva da pedagogia da negociação, examine a qualidade das conversações e dos acordos realizados em seu departamento ou empresa e correlacione-a com o estilo dos negociadores envolvidos.
- Analise programas e processos que considera relevantes para definição de um modelo de pensamento crítico e de desenvolvimento permanente de uma pedagogia de negociação na sua empresa. Faça uma relação dos valores que devem ser preservados e das medidas que recomendaria.

PARTE II

METODOLOGIA DA NEGOCIAÇÃO: OS SEIS PASSOS INTEGRADOS

4 Modelo NCV — *Negociação, Ciclo Vital* — Introdução à metodologia NCV da negociação

São condições essenciais para que a negociação resulte em êxito:

- *precisar negociar*, que implica a consciência da necessidade;
- *querer negociar*, que importa a vontade firme de obter acordos de cooperação;
- *saber negociar*, que significa ter a capacidade de acionar os meios adequados.

Desse arcabouço conceitual nasceu o método pedagógico NCV: Negociação, Ciclo Vital.

O pressuposto básico é que pouco vale ser competente em ações pontuais, fragmentárias, sem a estratégia que privilegia o todo. Tudo se conecta, uma metodologia deve ser abrangente para fazer sentido.

A *motivação* e o *conhecimento* são fundamentais. Saber decodificá-los em linguagem inteligível, em atitudes e comportamentos integrativos, condiciona o êxito do processo.

A vontade, o conhecimento situacional, a inteligência, a atitude afetiva e a tecnologia de conversação criam o cenário, o clima e a ação para bons desempenhos e resultados.

Assim, além da consciência das necessidades e da vontade sincera de encontrar soluções mutuamente satisfatórias, é preciso o conhecimento específico, uma metodologia para negociar.

NEGOCIANDO...

Como negociar?

Negociação não se improvisa; inicia-se muito antes, a tempo de se montar a estratégia.

Quando os termos do encontro para diálogo e negociação não são claramente definidos e aceitos, o desfecho é sempre surpreendente e desastroso.

Ilustraremos adiante a dimensão do risco:

O touro invencível

O imperador amava seu touro, que considerava imbatível na arena. Milhares de inimigos haviam sido sacrificados à sua sanha.

Tal era sua confiança irrestrita no animal que resolveu pôr em risco seu reino e sua filha herdeira, oferecendo-os a quem, desarmado por livre e espontânea vontade, se dispusesse a enfrentar o touro em luta corporal e o liquidasse.

Durante longo tempo, um cidadão observou o touro em ação, estudando-o em seus mínimos detalhes: suas artimanhas, seu estilo de ataque e defesa, o poder de suas forças e suas possíveis fraquezas. Até que se convenceu e topou o desafio.

Tudo preparado, cheio de confiança, dirigia-se à arena quando um oficial do reino o interpelou por dever regimental sobre o seu último desejo:

— Como último? Eu vou vencer o touro!

— Eu sei. Acompanhei-o esse tempo todo e não tenho dúvidas de que só você tem condições de liquidar o touro.

— E então?

— Já leu o regulamento? Leia-o com atenção.

Vencido o touro, em luta espetacular, o herói é aclamado delirantemente pela população, porém, perplexo e sem explicações, é transportado imediatamente para a cirurgia, para o regulamentar teste antidrogas. Já morto, com as vísceras extraídas e analisadas, chega-se ao laudo inútil: não estava dopado...

A sabedoria popular diria: "Contra a força não há argumento." A verdadeira sabedoria atesta que contra a força existem a prudência, a inteligência, a estratégia e a negociação que se traduzem em habilidade política, sem a qual prevalecem as artimanhas do poder e a "negociação" torna-se uma farsa.

4.1 Esquema metodológico no modelo NCV

O processo da negociação, como metodologicamente o concebemos, implica seis passos essenciais, como veremos a seguir.

4.1.1 PRIMEIRO PASSO: ABORDAGEM

Constitui a confrontação positiva que evita as costumeiras e desastrosas situações *eles e nós*, típicas da realidade *ganhar* × *perder* que uma sociedade competitiva e predatória alimenta.

4.1.2 SEGUNDO PASSO: ARGUMENTAÇÃO

Refere-se ao conhecimento da situação, os *prós e contras,* para definir a linguagem adequada à dinâmica do relacionamento afetivo-cognitivo: entender-se no plano do sentimento e da razão.

4.1.3 TERCEIRO PASSO: SUPERAÇÃO DE OBJEÇÕES

Consiste em uma mudança de ênfase: do centrar-se em obstáculos e abismos – que ampliam diferenças e distâncias, estimulando tensões e conflitos, reforçando as situações *ganhar* × *perder* – para o esclarecimento de posições, o equilíbrio de afirmações e concessões, em que todos perdem um pouco e ganham muito, em termos de acordos mutuamente compensadores.

4.1.4 QUARTO PASSO: ACORDO

Envolve uma nova dimensão: da divergência improfícua para a convergência de interesses e para a administração das oportunidades; ou seja, para o promissor *ganhar-ganhar,* que resulta na única segurança, de origem psicológica, gerada na renúncia, na confiança e na esperança, na crença no homem e no futuro, na certeza de que o acordo de hoje prepara as condições para o ótimo acordo de amanhã.

4.1.5 QUINTO PASSO: REFORÇO

Significa a convicção na continuidade do processo e na força de que o *nós*, o sentimento de equipe e a integração de esforços garantam a prosperidade e construa o futuro desejado.

4.1.6 SEXTO PASSO: REABORDAGEM

Configura a certeza de que a negociação não é um acontecimento episódico e fugaz, mas vida organizacional, convivência humana, conversação permanente, educação e administração: condições básicas à perpetuidade empresarial.

NEGOCIANDO...

A negociação e as raízes do autoritarismo

— É possível negociar com pessoas autoritárias?

— Sim, desde que sejamos capazes de compreendê-las e nos prepararmos.

O ser humano é paradoxal: distingue-se pela inteligência racional, mas é totalmente dependente ao nascer e não sobrevive sem o outro que o proteja. É egocêntrico, possessivo, individualista.

Quando criança, quer ser o "centro das atenções"; na adolescência, pensa superar laços, anseia libertar-se, vive a ambiguidade entre "ser livre" e a necessidade de proteção. O sofrimento nas "rupturas" com o enfrentamento das situações críticas, próprias ao "afirmar-se", leva-o a assumir crescentes responsabilidades e decisões, marcando seu ingresso na idade adulta.

A passagem por essas etapas do crescimento não segue necessariamente critérios cronológicos.

A maturidade é o grande desafio.

Ser adulto não é nada fácil.

Exige decisões e responsabilidades livres e refletidas.

O quadro da "imperfeição humana" revela alguns indicadores, nem sempre bem conscientizados:

1. A insegurança, a dependência e os disfarces adotados nas relações sociais: parecer para fazer crer;
2. A atitude dominadora, que tem suas raízes na "criança dependente e egocêntrica", que se desenvolve no adolescente consumista que "quer possuir" para demonstrar afirmação e "não depender" (momento de aventuras e descobertas) e, na idade adulta, ao assumir posições de comando, tendendo a reproduzir o "modelo de posse" através de práticas variadas de dominação.

> Esse panorama de fundo, assustador, tem um antídoto poderoso: EDUCAÇÃO e seu instrumento vigoroso, a negociação, como recurso, por excelência, para reverter o quadro de distorções.
>
> Pela educação inicia-se o processo civilizatório e as condições à convivência harmoniosa. Negociar é parte intrínseca do processo de maturidade.

TREINAMENTO DE NEGOCIAÇÃO

EXPERIMENTO 5 | Planejamento da negociação: preparando-se para a conversação

Objetivo

Reforçar a necessidade e os conceitos básicos para um planejamento racional da negociação, garantindo a eficácia do processo.

Mostrar que a negociação é essencialmente uma relação humana, mas que a ênfase atitudinal e comportamental é reforçada pela técnica, por meio da prática do planejamento estratégico da negociação.

E5.1 Processo 1

Passo 1: levantamento de informações situacionais (análise crítica)

- Quando viável, promova entrevistas para coleta de dados com o pessoal da empresa que estiver direta ou indiretamente envolvido no processo de negociação.
- Procure responder, por escrito, às seguintes indagações:
  - Quais as principais deficiências do seu setor?
  - Quais as principais deficiências da organização como um todo?
  - Como solucionar as deficiências e melhorar as atividades?
  - Outras sugestões para mais eficácia (quanto a missão, objetivos, projetos etc.).
  - Qual a nossa tradição ao negociar com as partes em questão? Quais os sucessos e insucessos de uns e outros? O que fazer para melhorar o desempenho?

Passo 2: exame das informações e redação de um documento-síntese para ser examinado criticamente pela sua equipe de negociadores.

Passo 3: reunião da equipe de negociadores para discussão do documento (projeto de planejamento da negociação).

Passo 4: dramatização, com base no projeto de planejamento da negociação, com um "grupo-controle" fazendo o papel da outra parte de negociadores.

E5.2 Diagnóstico e planejamento da negociação

1. Como você identifica os propósitos (objetivos e metas) do seu setor e da organização?
2. Esses propósitos têm sido atingidos?
3. Quem tem se beneficiado, efetivamente, da atuação do seu setor?
4. Há algo a ser revisto?
5. Qual o nível de desempenho interno do seu setor (eficiência/eficácia)?
6. Qual o nível de valorização profissional e humana?
7. Como estão as relações interpessoais e intersetoriais?
8. Qual o grau de integração e coesão interna?
9. Qual o grau de descentralização e delegação de autoridade existente em todos os níveis?
10. A estrutura organizacional é adequada? Pode-se melhorá-la?
11. Como se desenvolvem as comunicações com a diretoria, os departamentos, as regiões e os clientes?
12. Como está, no seu entender, a imagem do setor e da organização?
13. Os resultados são convenientemente analisados e avaliados?
14. Quais têm sido os principais erros do seu setor?
15. Quais os principais acertos?
16. Nos processos de negociação, quais são, especificamente, os erros e acertos mais comuns?
17. Qual a orientação habitual para negociar e chegar ao acordo?
18. As decisões (acordos) são implementadas e acompanhadas com vistas a garantir boas negociações futuras?

E5.3 Processo 2

Exercício de levantamento de problemas no setor de trabalho para orientar o plano de negociação

Passos

1. Faça uma lista dos principais problemas existentes em seu setor de trabalho relacionados ao processo de negociação.
2. Faça, então, uma seleção do que consideram ser os cinco maiores problemas do seu setor de trabalho em relação ao processo de negociação.
3. Escolha um problema para estudo e elaboração do plano de negociação.

E5.4 Roteiro prático para elaboração do plano de negociação

Procure responder aos seguintes quesitos relacionados ao problema escolhido para estudo:

1. Qual o problema a ser analisado? (Descreva-o de maneira sintética.)
2. Como surgiu o problema? (Investigação das causas prováveis.)
3. Em que consiste sua tática (plano de negociação) para superar o problema? (Descreva sumariamente seus objetivos e finalidades.)
4. Como será desenvolvido o plano de negociação? (Relate as fases principais de desenvolvimento do plano de negociação, com as pessoas e os órgãos envolvidos e suas responsabilidades.)
5. Quais são os recursos necessários? (Registre todos os meios necessários à execução do plano.)
6. Haverá resistência à aplicação do plano? (Descreva o tipo de resistência previsível, de quem parte e como superá-la.)
7. O que deve ser feito para treinar os recursos humanos envolvidos na negociação? (Descreva todas as iniciativas, visando preparar os funcionários para a obtenção dos melhores resultados com a execução do plano.)

8. Planos semelhantes devem ser executados em outros setores? (Liste os setores em que se devem programar planos semelhantes e por quê.)
9. Quais as iniciativas para acompanhar e avaliar o plano de negociação? (Relacione todas as providências, visando avaliar e garantir a eficiência e a eficácia do plano.)

5 Primeiro passo: a abordagem

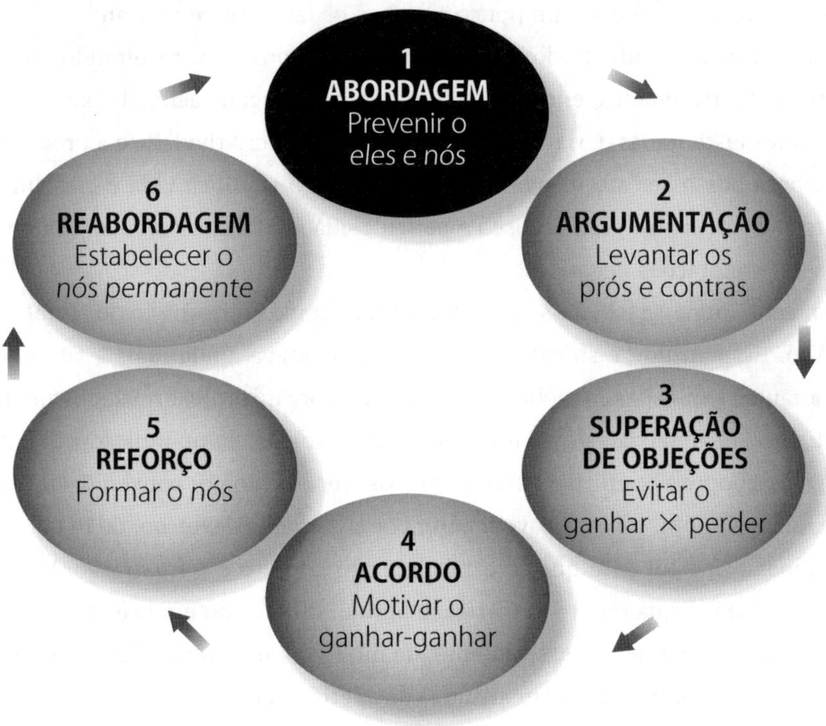

5.1 Prevenir o *eles e nós*

Eles e nós significam a situação em que se acentuam diferenças e divergências, superioridades e sujeições, mitos e preconceitos, competição e deserção, agressão e revanche, euforia e frustração, características do enfoque ganhar × perder. Essa situação permite consolidar e também agravar o clima potencialmente conflitivo do relacionamento humano.

Os conflitos sempre existirão, portanto, é inútil tentar suprimi-los. Eles são inerentes à condição humana. O homem entra em conflito até mesmo ao tentar superar-se na perfeição. Porém, para crescer, é desejável uma certa insatisfação, pois esse processo pressupõe crises decorrentes de situações conflitivas (do estabelecido para o renovado).

Em toda situação de conflito, duas atitudes de negociação estão bem caracterizadas: a situação ganhar × perder e a situação perder × ganhar-ganhar. Cada uma apresenta aspectos marcantes que devem ser considerados pelo gerente ao buscar alternativas.

Ganhar × perder é a atitude na qual cada lado quer ter razão e deseja ver o outro irremediavelmente derrotado. Já ganhar-ganhar é a atitude do equilíbrio e do bom senso, em que todos cedem um pouco e ambos os lados se beneficiam.

Quando bem administrado, o conflito torna-se positivo, resultando, então, em inovações, oportunidades, enriquecimento pessoal e organizacional, expansão e vitalidade autossustentadas. Cria-se o clima de estímulo à criatividade e à produtividade.

Embora possa ser até mesmo desejável, quando significa vida e crescimento, o conflito traz em si alto grau de risco e periculosidade, daí ser visto, comumente, sob a ótica das conotações negativas.

Em geral, teme-se e evita-se o conflito, procurando contorná-lo ou simplesmente ignorá-lo. Essa atitude é suicida, pois a omissão agrava ainda mais a situação. Isso explica tantas explosões inexplicáveis dentro das organizações: relacionamentos tensos, queixas, racionalizações, atritos, guerra-fria, ironias, como indicadores habituais de um clima pobre e conflitivo, mais ou menos amortecido por conveniências, até que seja acionado, enfim, incontrolavelmente, por algum fator externo, de maior força.

A causa principal para que se estabeleça um conflito é a frustração. Há uma lei psicológica que afirma que todo frustrado agride. Bloqueado em seus anseios, o indivíduo tende a responder agressivamente, de modo manifesto ou não. Nessa hipótese, há a desmotivação, traduzida em atitudes de apatia e ineficiência.

O frustrado tende a buscar explicações que justifiquem seu comportamento, muitas vezes, em termos de racionalização (atribuindo culpa aos outros). Isso alivia sua consciência, mas, por ser uma atitude imatura, leva-o ao fenômeno psicológico da regressão, que o predispõe, constantemente, a situações conflitivas.

Assim, racionalizações do conflito, quando não orientadas por adequado questionamento crítico, são geradoras das justificativas em cadeia, resultando, portanto, o clima vicioso, em que as crises se sucedem, pois não se interpelam as causas, limitando-se às reações.

REFLEXÃO

Na situação ganhar × perder, cada um procura resguardar a sua posição em prejuízo do outro. Essa necessidade, quase vital, de ganhar sempre, leva a um constante e obsessivo estado de tensão e combate.

A situação ganhar × ganhar é a prática da democracia no trabalho. Criar a realidade integrada na empresa significa estabelecer objetivos integradores, a partir dos quais a negociação torna-se eficaz.

A negociação – honestidade em expor pontos de vista e objeções, para uma discussão franca e que busque soluções – é a medida saudável para aliviar e resolver tensões e desavenças pessoais. Sem isso, o conflito permanece, se agrava e se eterniza, com consequências imprevisíveis.

Conflitos não administrados levam uma organização ao caos. Como a sociedade moderna vive sob o impacto das transformações e as situações de mudança normalmente geram conflito, saber administrá-las é condição básica de eficácia gerencial.

Aceitar o conflito como realidade concreta não significa se sujeitar a ele como a uma fatalidade ou utilizá-lo como instrumento bélico, mas adotar uma atitude consciente e objetiva de converter as energias emocionais em esforços para resultados.

A habilidade em administrar conflitos, por meio de processos de negociação, é uma das características marcantes no perfil da liderança, necessária aos tumultuados tempos em que vivemos.

REFLEXÃO

A competição predatória no trabalho muitas vezes passa despercebida, mascarada por eufemismos como garra, combatividade, agressividade.

Cria-se, então, um clima favorável ao individualismo, ao imediatismo, com perda do sentimento de equipe.

Em seu grupo está ocorrendo esse fenômeno?

O que pode ser feito para mudar isso?

5.2 Saber identificar o conflito como força positiva ou negativa

Um grupo se caracteriza pela contribuição variada e pela interação de diferenças individuais: objetivos, estilos e habilidades. Por isso, é comum a existência de duas manifestações sociais que poderiam, dentro de limites razoáveis, ser consideradas positivas: a discussão e a competição. Ao se agravarem, entretanto, elas degeneram em conflito.

Sob essa perspectiva, o conflito seria sempre negativo, como fase aguda de um desajustamento em que as posições se extremam. Numa concepção genérica, todavia, o conflito significa uma resposta automática a situações diferenciadas. Nessa definição, o conflito exprimiria o atrito natural, decorrente das interações de indivíduos e grupos diferentes, em que a discussão e a competição são forças intrínsecas ao processo.

A busca da integração e da interação harmônica constitui, assim, o campo de ação básico da gerência, e a administração dos conflitos, sua estratégia prioritária.

Discuta a seguinte afirmação com sua equipe: o conflito significa uma resposta automática a situações diferenciadas.

REFLEXÃO

Verifique se nas situações de discussão e competição que você vivencia o conflito é força desagregadora ou vem sendo bem entendido e bem administrado.

Prevenir e intervir nas situações, para anular os aspectos negativos e direcionar as energias para uma positiva abordagem integrativa dos objetivos, demanda estratégia e táticas gerenciais que devem ser objeto de permanente desenvolvimento.

Ao se definir a gerência como gestora de diferenças, agente de mudanças, guiada para o trato de incertezas, para a qual é exigida habilidade situacional, o campo da administração do conflito passa a se constituir em ênfase diuturna. O conflito está inserido na prática gerencial, e saber administrá-lo passa a ser condição básica para o êxito em situações de turbulência.

Em princípio, não importa tanto saber se o conflito é positivo ou negativo, mas como deverá ser tratado, a fim de que não se constitua em fator destrutivo para a pessoa e para as organizações.

A esperada integração significa a busca da unidade na diversidade. Essa é tarefa da gerência.

> *REFLEXÃO*
>
> Procure elaborar a estratégia mais adequada para prevenir e administrar os conflitos habituais em seu ambiente de trabalho.
> Promova, com sua equipe, uma lista das situações potencialmente conflitivas.
> Estimule o grupo a sugerir alternativas de solução.

5.3 Na administração de conflitos a conversação é instrumento essencial

Para compreender o processo de conversação e negociação é imprescindível entender o conflito e sua dinâmica psicossocial. No passado, o conflito era um elemento indesejável, suprimido à força ou simplesmente ignorado. Com o surgimento das teorias comportamentais, o conflito passou a ser compreendido como inevitável no relacionamento humano, conduzindo à filosofia interacionista - que, hoje, ganha corpo –, na qual o conflito é analisado, até, como necessidade para o crescimento e para as inovações. Sua administração é uma das responsabilidades principais dos gestores.

A força construtiva ou destrutiva do conflito deriva de sua motivação e do clima existente nas organizações: se é uma diferença entre pessoas ou ideias, se o motivo é a ambição individualista ou a saudável competição para superar padrões convencionais, se é um apego ao conservadorismo estéril ou a busca pela criatividade e pela inovação para o desenvolvimento.

A ausência do conflito significa, muitas vezes, acomodação, apatia, estagnação, improdutividade, ou seja, morte. Todavia, o conflito torna-se negativo e indesejável quando não funcional, ou seja, quando se volta contra os objetivos da instituição.

REFLEXÃO

O gerente deve prevenir tensões e intervir nas situações para administrar conflitos e direcionar as energias para os resultados. Isso demanda táticas gerenciais que devem ser objeto de desenvolvimento permanente.

A conversação conciliadora procura:

- analisar o processo habitual de discussão na empresa;
- identificar os motivos principais que levam a tensões e conflitos;
- identificar as soluções criativas e mutuamente aceitáveis.

Como você, gerente, vem utilizando as conversações com sua equipe de colaboradores a fim de prevenir e dirimir tensões e conflitos?

O comum, porém, é o horror ao conflito. A tradição educacional, reforçando a autoridade paterna, estimulou valores anticonflito, identificados como paz, tranquilidade, felicidade. Assim, qualquer perturbação da ordem, desequilíbrios e questionamentos serão, em geral, indesejáveis e suprimidos. Resultam, desse modo, a resistência à mudança, a reação à criatividade, a luta por manter imutáveis situações estabelecidas.

Por não se querer perturbações e intranquilidade, paradoxalmente, cria-se o permanente estado de insatisfação estéril. O modelo burocrático surgiu desse quadro ideológico: ao estabelecer o sistema de poder estatutário, as pessoas são adequadamente selecionadas pelo critério da obediência, e o respeito à autoridade significará a total eliminação de quaisquer manifestações conflitantes.

Resultam daí as extensivas descrições de cargos e funções, reforçadas por estilos paternalistas e coercitivos, premiando e punindo, em reforço às regras.

Contra essa definição imobilista colocam-se, hoje, os cientistas sociais, e com eles os políticos, ao advogarem a necessidade do conflito funcional, aquele cujo efeito, nas organizações, é positivo, contribuindo para a melhoria de objetivos e resultados.

REFLEXÃO

Como o modelo organizacional pode se tornar uma fonte permanente de conflito?
Analise a burocracia como um fator condicionador de atitudes e comportamentos rígidos e, portanto, estimulador de conflitos.
Como corrigir essa situação?

O pressuposto é a insatisfação sadia como motivo de mudança, e esta como necessária à sobrevivência e ao crescimento. São os conflitos funcionais que provocam transformações, progresso e desenvolvimento.

A superação do conflito exige dos administradores habilidade política para a negociação e o correto uso do poder, ao lidar com as crises.

5.4 Processo de conversação e meios

5.4.1 CONFRONTAÇÃO

É a tentativa de revolver problemas, por intermédio de uma abordagem frontal entre as partes envolvidas.

Sem visão preconceituosa quanto a certo e errado, podem-se ajustar pontos de vista, eliminando-se mal-entendidos ocasionados por distanciamentos e incompreensões em relação a atitudes e atritos circunstanciais.

Quando, todavia, interferem nos conflitos sistemas de valores mais profundos, a confrontação geralmente não resolve, podendo, até mesmo, agravar os desentendimentos (por exemplo: grupos religiosos, facções políticas ou o técnico de operações industriais que acha que o homem de administração é um teórico, incapaz de compreender sua atividade).

Sem uma liderança, um agente facilitador do processo, a confrontação envolve grande risco.

5.4.2 PROTELAÇÃO

É uma técnica utilizada nas ocasiões em que é inoportuno confrontar. Não está na hora de enfrentar a situação; o melhor é contornar o problema, adiando sua abordagem para uma ocasião estrategicamente mais conveniente.

REFLEXÃO

O conflito exprime um atrito natural decorrente das interações entre os indivíduos e grupos diferentes, em que a discussão e a competição são forças intrínsecas ao processo, indicando como tarefa básica de gerência, a administração de tensões e conflitos.
Qual a qualidade do relacionamento interpessoal em seu grupo de trabalho?

5.4.3 COMPROMISSO

É o método clássico de resolução que consiste no estabelecimento do acordo por meio de terceiros, negociação por intermédio de elementos credenciados, de representantes de classe ou pelo voto.

Não há, a rigor, vencedores e vencidos, pois a essência do compromisso inclui a renúncia, pelas partes, de um elemento de valor.

5.4.4 ABRANDAMENTO

Consiste em dar ênfase aos interesses comuns, procurando, desse modo, minimizar as diferenças entre as partes conflitantes.

5.4.5 MUDANÇAS COMPORTAMENTAIS

Mais do que atuar sobre os efeitos, busca-se as causas do conflito a fim de solucioná-lo em definitivo, na linha da atitude e do comportamento.

As técnicas usadas são as da educação e da psicologia, que implicam, basicamente, conscientização. Podem levar tempo, mas conduzem efetivamente à superação do conflito.

5.4.6 MUDANÇAS ORGANIZACIONAIS

Os conflitos internos nas organizações são largamente tratados por meio de mudanças estruturais, utilizando-se as novas variáveis situacionais como estímulo para reajustes e reformulações.

A estrutura é sabidamente uma causa frequente de conflitos, e saber fazer mudanças para minimizá-los ou extingui-los é uma das habilidades exigidas do administrador.

Introduzir modificações, reestruturações, transferência e substituição de funcionários, criação de novos cargos, ampliação dos níveis de participação, desenvolvimento de novas linhas de ação, descentralização e delegação de autoridade, e a administração de projetos são algumas técnicas frequentemente utilizadas.

Há um grande risco, porém, no abuso desses expedientes. As constantes reorganizações formais, levadas a cabo por muitos administradores, que acabam descuidando dos aspectos de conteúdo, levam-nas ao descrédito e à consequente desmotivação e revolta das partes envolvidas.

5.4.7 PESO DA AUTORIDADE

É, em geral, o recurso mais usado nas organizações, traduzindo-se na última palavra decisória da autoridade competente.

5.4.8 PREPARANDO-SE PARA OS PROCESSOS DE CONVERSAÇÃO E NEGOCIAÇÃO

Consciente ou inconscientemente, as pessoas levam para uma entrevista informações de sua conveniência. O comportamento reflete a maneira como cada um percebe a realidade. Essa percepção condiciona-se ao sistema de valores, traduzidos em crenças e princípios. Assim, as respostas às situações estão contaminadas pelas concepções que, muitas vezes, por desvios culturais, exteriorizam-se por meio de tabus e preconceitos. Se esses prevalecem, o diálogo é imperfeito e, até mesmo, contraproducente.

O preparo para a negociação implica uma revisão de valores, uma reflexão sobre o mérito do processo que, para seu êxito, exige autenticidade. Por não existir sinceridade no relacionamento, as negociações acabam frustradas na maior parte das vezes. Fala-se uma linguagem vazia, fruto de papéis caricaturais. Cada qual esconde o jogo, como num duelo, esperando pegar o contendor de surpresa. É a típica situação *eles e nós*.

Há quem lastime o acirramento do conflito, argumentando, sem muita sinceridade, que a oportunidade foi oferecida, quando, na verdade, mascarou-se em artifício maquiavélico. Tal prática leva ao desprestígio o processo de conversação e negociação.

Vejamos alguns pontos básicos da dinâmica do processo de conversação, e reflitamos sobre as técnicas sugeridas para resolução de conflitos:

- o uso incorreto de algumas técnicas, geralmente, agrava as crises e os desentendimentos;
- todas as técnicas exigem liderança, capacidade de decisão, certo clima psicológico e estratégias, sem os quais seu uso é desastroso.

Mas, em qualquer das técnicas usadas, um fator fundamental é o grau de confiança entre os negociadores ou seja, deve-se trabalhar com a verdade.

5.5 Busca por acordo reforçando a tolerância e o acolhimento e minimizando a intransigência

A busca pelo acordo exige que as partes façam concessões, que estejam dispostas a renunciar a um valor. Ninguém entra para perder, mas é preciso admitir alguma perda como inerente ao processo de negociação.

A intransigência, o não querer recuar nem um pouco, tem levado muitos projetos à bancarrota e muitas relações ao rompimento total. A tolerância está na essência do relacionamento e da convivência. Ceder dez para ganhar noventa. Abrir mão do acessório para preservar o essencial é a sabedoria necessária à negociação.

5.6 Trabalhar as emoções induzindo a cabeça a apoiar-se no coração

Na Bíblia, Salomão pedia ao Senhor, em sonho, um coração com ouvido, para governar com justiça o seu povo. Um autor afirmava que, quando se pretende administrar sem interferência do sentimento, as emoções agem debaixo da mesa. Em cima, as ideias e proposições comportam-se como num pingue-pongue, enquanto, por baixo, uma pesada bola de boliche é arremessada contra os adversários.

Dentro de uma concepção maniqueísta, costuma-se separar a cabeça do coração.

A tecnoburocracia, por exemplo, pretendendo ser racional, leva à lógica desumanizante; seus pressupostos são frios, gerando o homem de organização, capaz de reagir apenas aos estímulos da estrutura formal que lhe dá segurança.

REFLEXÃO

Na solução de conflitos você, como gerente, deverá estar atento para:

- o objeto do conflito;
- as pessoas envolvidas;
- os fatos;
- a dinâmica das conversações;
- as táticas para superação do conflito;
- as situações previsíveis de negociação.

Os problemas devem ser diagnosticados e solucionados de maneira objetiva, mas levando-se em conta o pensamento e o sentimento, ambos inter-relacionados.

5.7 Desafio criativo abrindo espaço ao talento e à habilidade e não a modelos preestabelecidos

O desafio criativo, que envolve ideias e emoções e motiva o senso de realização, implica riscos. Esses normalmente não são aceitos por uma ordem que, alimentando a ilusão das certezas, se guia por modelos.

Estimular a busca pelo novo, pelo não convencional, é a maneira inteligente de responder às situações em mudança.

5.8 Urgência semântica desestimulando o duelo de palavras e promovendo a geração de ideias e a afirmação de valores

Se, no calor da discussão, os debatedores parassem para um instante de reflexão, se surpreenderiam ao se verem presos a um duelo de palavras, e não de ideias e valores. É muito comum esse fenômeno: as reuniões não chegam às conclusões, pois se diluem num jogo de frases, excesso de palavras e vazio ideológico. As divergências são, em geral, puramente semânticas.

Um filósofo oriental costumava advertir que a palavra não é a coisa. E São Tomás de Aquino, numa discussão, tinha por hábito puxar uma folha de papel e propor: "Vejamos o que você e eu pensamos acerca desta palavra." Assim, ia definindo os termos-chave para um perfeito entendimento.

REFLEXÃO

Suas reuniões são duelos de palavras ou um intercâmbio de ideias e experiências?

5.9 Agenda oculta: um aliado ou um instrumento destrutivo?

Procurar saber como as pessoas reagem às nossas ideias e palavras é fundamental para o sucesso nas conversações.

O mais importante não é o que dizemos, mas como as pessoas recebem nossas manifestações. Todos nós entramos numa reunião com uma agenda oculta, que significa nossas crenças, valores, opiniões, experiências, aos quais se acrescentam, não raro, erros de percepção e preconceitos.

Preparar-se para a conversação implica a obtenção prévia de dados disponíveis sobre as partes envolvidas no diálogo, refletir sobre as próprias convicções e, ao iniciar o processo, dar tempo para adaptações e reconhecimentos. Significa trabalhar com a agenda oculta de modo que ela não se transforme em instrumento destrutivo.

5.10 Evitar o casuísmo com foco no todo e não no detalhe

Este é outro obstáculo frequente ao entendimento: a discussão é centrada em fatos isolados, e não em ideias e perspectivas globais. Aplica-se a casos particulares, a acidentes, a situações momentâneas, perdendo-se a visão do conjunto que dá a dimensão exata aos acontecimentos.

O caso isolado limita a percepção e fecha a porta ao acordo e ao entendimento.

5.11 Não incorrer no personalismo, centrando-se nas fraquezas e não na valorização do ser humano

Outra forma de escapismo é o deslocamento de uma abordagem ideológica para a divagação sobre pessoas. Perde-se um tempo precioso falando sobre como uma pessoa agiu, o que falou, qual a expectativa sobre sua conduta, e todo o grupo se desorienta em considerações que não geram nada de relevante.

Assim como o casuísmo, o personalismo é responsável por 90% das perdas de produtividade numa reunião.

5.12 Considerar a rigidez fraqueza mascarada

A atitude fechada, incapaz de perceber a realidade externa, torna inviável a conversação. O rígido tem sempre uma resposta para tudo, pois tudo racionaliza.

Quando não se deseja honestamente abrir mão de convicções inabaláveis, ceder a argumentações inteligentes e verazes e acreditar na sinceridade de propósitos, é preferível não participar do processo. Assim, mantém-se pelo menos a coerência de atitudes e não se desmoraliza a técnica, com graves riscos de turbulência social.

Por não quererem passar por fracos ou derrotados, personalidades rígidas têm levado grupos e organizações à destruição.

REFLEXÃO

O conflito está inserido na prática gerencial, e saber administrá-lo é condição básica para o êxito na função, principalmente em época de turbulências.

É tarefa da gerência integrar os aspectos positivos do conflito e minimizar os negativos, de modo que estes não se constituam em fator destrutivo para pessoas e organizações.

De que maneira você, como gerente, vem diagnosticando e administrando o conflito em seu ambiente de trabalho?

5.13 Recomendações para a eficácia nas conversações

5.13.1 ASPECTOS FUNDAMENTAIS PARA A CONVERSAÇÃO EM GRUPO

O sucesso de uma conversação em grupo, mais do que da metodologia adotada, depende essencialmente das atitudes dos participantes.

Procure analisar detidamente cada uma das proposições. Reveja mentalmente as últimas reuniões de que participou, seja como líder ou liderado. Anote suas conclusões para orientações futuras. Quando oportuno, debata-as.

Tópicos para análise:

- cada reunião de negociação deve ser uma contribuição para consolidar a integração do grupo;
- cada participante precisa assumir o compromisso de colaborar para diminuir tensões individuais e grupais;
- a reunião tem função diagnosticadora (podem-se perceber situações-problema, incompatibilidades, ressentimentos etc.) e função terapêutica (possibilita que os problemas sejam explicitados e corrigidos);
- aqueles que se apegam a uma ideia, resistindo a qualquer sugestão contrária, devem se lembrar de que as percepções da verdade variam de indivíduo para indivíduo e que o importante é chegar à verdade aceita;
- a mudança de opinião não deve ser interpretada como derrota, quando valores maiores justificam a revisão de pontos de vista pessoais ou grupais. O que se espera é cooperação, e não competição;
- a solução para ser eficaz deve decorrer do esforço cooperativo, e não de disputas competitivas que criam as imagens de vencedores e vencidos;
- o estímulo a atitudes positivas de participação assegura maior apoio à implementação das decisões;
- o rendimento de um grupo é resultado da ação coletiva; todos têm responsabilidade, uma vez que cada um oferece sua contribuição pessoal para os bons resultados da reunião;
- não adianta reprimir ressentimentos e mágoas; o melhor é deixar que sejam explicitados, fazendo-se o jogo da verdade. Caso isso não seja possível, a palavra não proferida envenenará os espíritos e causará mais males no futuro;

- cada participante deve evitar ferir susceptibilidades e dar cunho pessoal a análises críticas; não há sentido em agressões pessoais, pois o que deve prevalecer é o interesse comum;
- a preocupação em procurar um bode expiatório, além dos males morais que poderá acarretar, em nada ajudará nos resultados;
- devem ser evitadas generalizações que fazem que os assuntos fiquem em um nível tão superficial que não levam a coisa alguma;
- o uso de palavras de duplo sentido não é indicado, pois dificulta o entendimento;
- cada participante deve assegurar-se de que não há divergências ante o significado de palavras (um problema mais frequente do que se imagina);
- só deve falar quem tem contribuição significativa a prestar (falar para constar, para impressionar, provoca tumultos);
- clareza e concisão são importantes. Não se deve permitir que detalhes prejudiquem o essencial (as discussões casuísticas são causas frequentes de insucesso);
- a reunião deve conduzir a conclusões objetivas.

REFLEXÃO

É comum a ocorrência de reuniões em que muito se fala e pouco se conclui.
Uma reunião mal planejada e sem conclusões é pura perda de tempo.

5.14 Informação, participação e cooperação

Antes de se oficializar uma política de ampla participação à base de reuniões, é necessário que as lideranças se preparem para a execução desse processo de administração democrática.

Se a reunião é uma situação típica de liderança, se é a sua ferramenta de trabalho, é necessário conhecer e observar as técnicas recomendadas pelos estudiosos. A reunião é um instrumento e, como tal, pode ser bem ou mal usada. Deve-se, portanto, saber manejá-la.

REFLEXÃO

As reuniões das quais você participa são realizadas em função de necessidades reais?
São planejadas?
Obedecem aos horários previstos de início e término?
Seguem uma metodologia?
Chega-se a conclusões?
Realizam-se o acompanhamento e o controle das providências recomendadas?

Na reunião, trocam-se ideias e debatem-se opiniões para que se esclareça um assunto relativo ao trabalho. O objetivo final é traçar linhas de ação que redundem em mais satisfação, mais produtividade e mais qualidade dos bens e serviços produzidos.

Os objetivos imediatos são ditados pelas circunstâncias e necessidades. Pode-se promover uma reunião para dar ou colher informações, para debater problemas, para esclarecer dúvidas, para tomar decisões etc.

O importante é fixar os objetivos previamente, dar ciência deles aos participantes e evitar a multiplicidade de assuntos para uma mesma reunião.

REFLEXÃO

Quando os objetivos de uma reunião não são bem definidos para seus participantes, o risco de frustração e ineficácia é quase total.

Em resumo, em uma reunião, espera-se obter informação, participação e cooperação (veja a Figura 5.1).

FIGURA 5.1 O que se deve esperar de uma reunião

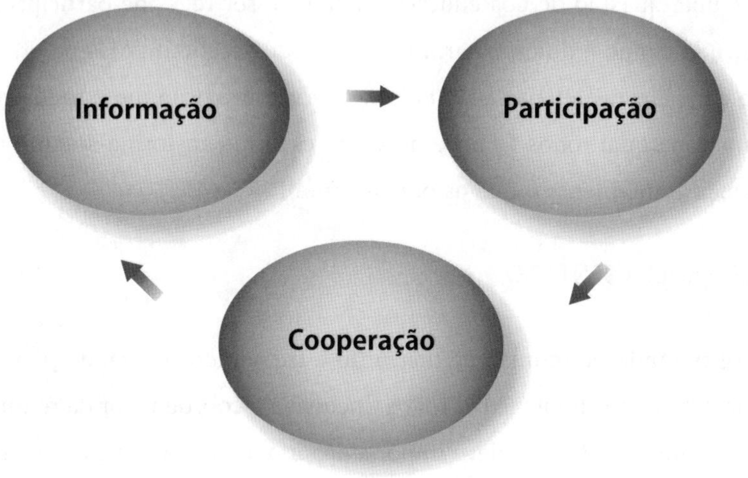

O princípio básico é: Quem participa coopera. Para participar é preciso estar informado e motivado.

O líder da reunião deve oferecer, logo no início, todas as informações necessárias; o resto, geralmente, é decorrência.

Nas reuniões de instrução, a participação é vital. A moderna pedagogia determina que o participante não deve ser mantido em estado de passividade. É preciso levá-lo a participar ativamente. Só assim ele assimila os princípios expostos.

Dizem os psicanalistas que o que faz mal é a palavra que apodrece dentro da gente, a não verbalização, as situações não esclarecidas. Daí nascem muitos conflitos: quando não é dito o que deveria, as coisas vão se complicando e, de simples desentendimentos, crises agudas são geradas.

5.15 Como participar de modo eficaz da conversação

5.15.1 PARTICIPE ATIVAMENTE

Vença a timidez e a autocensura exageradas. Lembre-se de que sua opinião é valiosa para os fins da reunião e de que uma opinião hoje absurda poderá representar uma solução amanhã. Fale!

5.15.2 REFLITA: OUÇA!

Esta é uma questão de boa educação, antes de ser regra de participação em reunião. Contudo, como é difícil ouvir... Escutar, todos escutam. Mas ouvir sem falsear o sentido das palavras alheias, sem deformar a sua intenção, nem todos conseguem. Uma reunião na qual todos falam e ninguém escuta transforma-se num diálogo de surdos. Ouça atentamente o que os outros dizem!

5.15.3 PERMANEÇA SENTADO

Não se tratando de reunião de instrução e treinamento, quando pode ser conveniente que o instrutor fique de pé, todos, inclusive o coordenador da reunião, devem permanecer sentados. Não se deve impor a própria ideia por meio de atitudes físicas. Não se agite!

5.15.4 EVITE INTERROMPER QUEM ESTIVER FALANDO

Também isto soa como regra de boa educação. É preciso permitir que alguém exponha e conclua seu pensamento e sua argumentação. Se houver abuso de palavra, cabe ao coordenador disciplinar a reunião. Se todos os participantes falarem ao mesmo tempo, ninguém entenderá ninguém. Não perturbe!

5.15.5 EVITE MONOPOLIZAR O DEBATE

Reunião é diálogo, não monólogo. Esta regra completa a anterior, porquanto a liberdade de palavra não significa monopólio nem abuso da liberdade. Nada de exibicionismo!

5.15.6 COMPROMETA-SE

Não se trata apenas de não comparecer à reunião. Foge da reunião também quem, presente fisicamente, mostra-se alheio ou desinteressado pelo que se passa. Não fuja da reunião!

5.15.7 DISCORDANDO, EXPRESSE

É uma explicitação da primeira regra: fale francamente. Reunião é diálogo e não monólogo. Não se omita!

5.15.8 ATUE PRONTAMENTE

Participe quando o assunto estiver "quente" sem interromper quem estiver falando; aguarde a sua vez e peça a palavra, sem inibições, tranquila e desapaixonadamente. Isso será útil para dar objetividade às discussões e levar a conclusões participativas.

Lute por suas ideias, respeitando o pensamento do grupo e as opiniões dos colegas. Não deixe de fazer uma observação no momento oportuno!

5.15.9 COLABORE

Prepare-se para a reunião, lendo previamente a pauta e consultando possíveis fontes de referência. Aplique o assunto ao seu trabalho diário. Levante as dúvidas e problemas. Traga perguntas!

5.15.10 AMADUREÇA

Ocupe-se, não se preocupe. Isso será relativamente fácil à medida que você se sentir integrado ao grupo e interessado pelo êxito deste, o que só será possível se você encarar o seu trabalho não só como um meio de sobrevivência, mas também como algo integrado à vida, um meio de autoafirmação e realização.

Sendo assim, mesmo em casa e nos momentos de lazer nos surpreendemos trabalhando, sem tensões, com espontaneidade, com o sadio espírito de realizar e realizar-se. Pense no assunto após a rotina diária!

5.16 A boa negociação começa antes da hora. Como prepará-la?

A boa reunião de negociação deve começar antes da hora. Cabe ao dirigente ou coordenador tomar uma série de providências prévias. A primeira delas diz respeito ao conteúdo da negociação. Determiná-lo e adaptá-lo ao tempo disponível para exposição é imprescindível para o êxito da reunião.

5.16.1 PLANO DA SESSÃO

Determinado o assunto e verificado o tempo disponível para tratá-lo, traça-se, então, o plano da sessão, que deve, evidentemente, enfocar todos os aspectos essenciais do problema.

5.16.2 DISTRIBUIÇÃO DO TEMPO

O que for complementar, apenas útil ou meramente ilustrativo entrará à medida que o tempo o permitir.

5.16.3 LOCAL

Antes da reunião, deve-se cuidar do local onde ela ocorrerá. É evidente que se trabalha com mais disposição e rendimento numa sala arejada, adequadamente iluminada, sem os inconvenientes de ruídos externos.

5.16.4 ARRUMAÇÃO

A disposição das mesas deve oferecer aos participantes a oportunidade de se verem mutuamente. Em geral, as mesas são dispostas de modo que formem um U, um círculo ou retângulo.

5.16.5 MATERIAL

Não se deve esquecer o material necessário, conforme exigência do assunto a ser tratado: quadros, blocos, lápis, súmulas, recursos audiovisuais (cartazes, gráficos, slides), documentação, estatísticas, estudos etc.

> REFLEXÃO
>
> Um simples detalhe negligenciado pode, muitas vezes, pôr a perder a eficácia de um encontro.

5.16.6 HORÁRIO

O horário da reunião – início e término – deve ser rigorosamente obedecido, admitindo-se alguns minutos de tolerância, num e noutro caso. É desestimulante o não cumprimento do horário do início e ainda pior, talvez, o caso em que o fim da reunião não se pode nem adivinhar. Reunião que se transforma em sessão-monstro não traz proveito a ninguém.

5.16.7 PROGRAMA

Em certas oportunidades (seminários, convenções etc., quando até dias inteiros são consumidos em reuniões), é preciso ter o cuidado de se estabelecer um programa, determinando-se períodos de intervalo. Nestes, é aconselhável que os participantes deixem o local da reunião.

5.16.8 DISTRIBUIÇÃO DA PAUTA

Recomenda-se a distribuição da pauta com antecedência. Ninguém deve entrar na reunião para, só então, tomar conhecimento dos assuntos. Uma reunião produtiva pressupõe preparação de cada um dos participantes. Além de data, local, horário e nomes dos participantes, o convite deve conter a pauta, com distribuição dos assuntos e indicação de documentos e literatura que podem ser consultados. Normalmente, quando não se trata de casos de emergência, devem ser evitadas convocações em cima da hora. Esta é uma consideração que se deve aos participantes, além de ser exigência para uma reunião eficaz.

5.16.9 SERVIÇO DE SECRETARIA

É preciso, também, manter-se um esquema (através de um serviço de secretaria) para que sejam evitadas interrupções que não sejam absolutamente necessárias e para o acerto de providências externas, durante a reunião.

A mesa de negociação deve ser um terminal de conclusões e não início de processos. Pressupõe que já se tenha estudado a matéria, providenciado esclarecimentos, analisado propostas e formulado alternativas. Aí a negociação pode fluir naturalmente para o acordo.

REFLEXÃO

O líder que sai à procura de documentos esquecidos, a secretária que interrompe para atender solicitações, a reunião que não termina nunca... Todas estas são situações e causas comuns de fracasso.

NEGOCIANDO...

A sucuri e a estratégia de negociação

Havia uma região dominada por uma gigante e insaciável sucuri.

Tentativas para capturá-la, até então, revelaram-se frustrantes e mortíferas.

Desafio colocado: procurar destruí-la ou administrá-la.

Um sábio da floresta, consultado, admitiu haver três atitudes:

- Uns partem sabendo que serão engolidos pela serpente, submetendo-se a esse destino na esperança de, no interior da víbora, sobreviverem a tempo de dominá-la, e acabam morrendo;
- Outros partem direto ao confronto tentando submeter o terrível réptil a pauladas e acabam morrendo;
- A terceira atitude é a dos que assumem o objetivo de vencer a resistência hostil da sucuri, administrando-a, através da negociação, de modo a enquadrá-la ao ecossistema, entendendo que antes é preciso saber tudo sobre a sucuri.

Mas outros tantos acumulam tamanho conhecimento que acabam virando sucuris...

Não há efetiva estratégia de negociação e gestão sem correto diagnóstico – conhecer para agir certo, com as pessoas certas, na hora certa. Ciência, tecnologia, liderança e oportunidades. Todavia, excessos de sofisticação no processo diagnóstico, além do risco de exaustão e perda de visão, induzem às distorções graves, tão conhecidas.

TREINAMENTO DE NEGOCIAÇÃO

EXPERIMENTO 6 | Da calmaria à tempestade: a comissão de empregados não será recebida

Objetivo

Analisar situações marcadamente influenciadas pela cultura organizacional reinante e tratá-las dentro de uma metodologia de negociação.

Sequência

1. Leia o caso, em grupo, solicitando que sejam feitas anotações na coluna específica.
2. Solicite aos participantes contribuições que enriqueçam tecnicamente a história a fim de torná-la ainda mais didática e realista.
3. Em seguida, peça para que os participantes, individualmente, repassem a metodologia de negociação, fixando seus pontos essenciais, correlacionando-a com o caso proposto (ver roteiro próprio).
4. Proponha aos participantes, alternativamente, um dos seguintes exercícios:
   a) Esboço estratégico
      - Um subgrupo é designado para elaborar um esboço da estratégia que será usada pelo jovem diretor em suas negociações com a diretoria, na qualidade de mediador;
      - Procure utilizar, na formulação, a metodologia proposta neste livro: abordagem, argumentação, superação de objeções, acordo, reforço e reabordagem;
      - O esforço de estratégia é, em seguida, exposto ao grupo para discussão, recolhendo-se as contribuições enriquecedoras para a redação final.

   b) Dramatização
      - Propõe-se a encenação do caso, envolvendo os seguintes papéis:
        - comissão de empregados (ênfase no líder sindical);
        - o jovem diretor;

- a diretoria (reunida);
- o velho patriarca (com função destacada).

- Destacar um subgrupo de controle para questionar os participantes e avaliar a experiência.
- Com base na dramatização, solicitar que subgrupos destaquem os pontos essenciais de uma estratégia de negociação aplicáveis ao caso em discussão.

E6.1 Histórico do caso

Empresa tradicional, com cerca de cinco mil empregados, era, até pouco tempo atrás, dirigida pelo seu fundador. Devido à idade já avançada e ao estado de saúde, passou a direção ao genro, conservando os outros quatro diretores.

Dirigida até então dentro de uma atmosfera familiar, paternalista, satisfazendo mais as necessidades de manutenção do que motivacionais dos seus empregados, atravessava, no momento, uma séria crise. As vendas declinavam, a rentabilidade era baixa, havia escassez de crédito, aumento do endividamento e a produtividade cada vez mais sofrível pela desmotivação e inércia reinante entre os empregados.

Com o passar dos anos, a empresa havia adquirido uma boa imagem institucional no mercado consumidor da época, pela qualidade e ineditismo do seu produto principal, que, agora, sofria a competição de uma poderosa multinacional, com um artigo similar.

Os traços de obsoletismo organizacional e humano eram evidentes. A empresa pouco se modernizou nos últimos anos; a tecnologia – exceto por algumas aquisições de maquinarias importadas, porém, mais por compulsão diante do impacto publicitário do que por planejamento –, era predominantemente a original, com adaptações. Os gerentes, em média, tinham mais de dez anos de casa. Eram intelectual, técnica e socialmente modestos, de uma "lealdade" aparente, pois, na realidade, eram acomodados e descrentes.

As tarefas sofreram poucas modificações, com uma ou outra reestruturação superficial com a marca do conservadorismo. Todavia, as mudanças eram sempre apresentadas como "inovadoras". Havia um setor de treinamento que ministrava cursos e palestras de cunho predominantemente acadêmico, sem abordagem crítica significativa. Era quase ornamental, não trazia contribuição efetiva à melhoria e à renovação. A organização mantinha-se pesada, burocratizada, processualística, com pouco ou nenhum envolvimento dos gerentes nas decisões.

Nos últimos tempos, esse clima passivo começou a se alterar com as mudanças sociais e políticas do meio ambiente e por alguns elementos jovens, recentemente admitidos e insatisfeitos com os padrões de desempenho.

O velho fundador, embora afastado formalmente, ainda impunha seu estilo tradicionalista, de índole autocrática, mais propensa a casuísmos e ações reativas, marcando uma administração centralizadora e impermeável. Seu genro, atual presidente, em que pese sua formação universitária, com experiência no exterior, era totalmente submisso à sua vontade, personalidade frágil a qualquer questionamento. O jovem filho, de 27 anos, pós-graduado em administração, impetuoso e imaturo, tinha consciência da necessidade de uma mudança substancial para a qual não dispunha de poder nem de credibilidade. Era voz discordante e vencida na diretoria, causa de grandes aborrecimentos para o pai. Todavia, foi por sua influência que algumas formas de expressão e alguns instrumentos administrativos foram sendo introduzidos na organização.

O treinamento foi obra sua, assim como um plano fracassado de sugestões; um clube de empregados, sem vida exuberante; o restaurante de empregados, funcionando razoavelmente; um comitê gerencial, sem objetividade e nenhum poder de influência; um jornalzinho de empresa, sem participação e monótono; e uma tentativa frustrada de institucionalização de um programa de qualidade total, por meio de consultoria externa. Além disso, organizou e também dirigiu um comitê de publicidade e relações públicas responsável pelas atividades nessas áreas.

Apesar de personalidade titubeante e sua atuação desacreditada pela direção, é ele quem exerce alguma liderança sobre o pessoal e é o responsável pela tênue conscientização que vinha se esboçando na empresa da necessidade de transformações renovadoras.

Uma das consequências da abertura propiciada e pela qual o jovem diretor vinha sendo responsabilizado, a ponto de pensarem sobre seu afastamento, era uma arriscada aproximação com o sindicato da classe, resultando daí a eleição de um dos operários da empresa para a direção.

No momento, ocorria uma situação grave: os empregados pressionavam por melhores condições de trabalho e de salário, sob a liderança do diretor sindical, e com o apoio da entidade dirigida por ele. As articulações eram todas realizadas por intermédio do jovem diretor, sem que a diretoria da empresa quisesse tomar conhecimento.

A situação, não tratada, chegou a um ponto explosivo – a ameaça de paralisação total dos operários. Nesse clima beligerante, o velho patriarca praticamente reassumiu o comando, de maneira intransigente, afirmando na reunião de diretoria que "havia necessidade de preservar a dignidade da direção a qualquer preço"; que "a empresa tinha um passado de seriedade e disciplina que não podia ser destruído pela irresponsabilidade e o mau caráter de alguns"; que "era preciso separar o joio do trigo, os elementos perniciosos tinham de ser demitidos".

E6.2 Dramatização da situação (passos):

1. Uma comissão de empregados, tendo à frente o líder sindical, solicitava uma entrevista com a presidência da empresa.
2. O jovem diretor deveria negociar essa entrevista como mediador, tendo de participar dela.
3. O diretor industrial, funcionário antigo, procurado por membros da comissão, afirmou peremptório: "A comissão de empregados não será recebida e, pensem bem, poderá ser demitida".
4. Tal afirmação provocou uma agressiva entrevista do empregado, líder sindical, a uma televisão local, com ampla repercussão nos jornais, denunciando uma série de irregularidades que vinham ocorrendo, pondo em dúvida, até, a honra de alguns diretores.

E6.3 Pontos essenciais para ajudar a dramatização

Considere os passos essenciais da metodologia da negociação adotada neste livro, correlacionando-os com o caso:

1. **Abordagem**
   - *Condições para a conversação:*
     - atitude aberta ao acordo;

- procurar trabalhar as emoções;
- desafio criativo;
- evitar divergências semânticas;
- atentar para a agenda oculta;
- evitar casuísmo, personalismos, rigidez.

- *Recomendações para a eficácia nas conversações:*
  - informação, participação, cooperação;
  - como participar eficazmente.

2. **Argumentação**
   - Condições e estilos para a conversação.
   - Como conduzir a conversação.
   - Recomendações ao negociador, considerando:
     - fatos e emoções;
     - estudos e comportamentos;
     - empatia;
     - confiança;
     - saída honrosa;
     - imaginação criadora;
     - forças e fraquezas.

3. **Superação de objeções**
   - Como superar resistências:
     - interação de ideias;
     - interação de sentimentos;
     - interação de atos e comportamentos.
   - Resistência:
     - negar a realidade;
     - apoiar-se nas razões do passado;
     - radicalizar posições e usar a força;
     - simplificar em excesso;
     - mostrar passividade.
   - Análise situacional.

4. **Acordo**
   - Consenso, concessão, omissão.
   - Negociar um processo educativo de liderança.
   - Integração de mediadores.
   - Considerar:
     - coerência e sinceridade;
     - senso de humor;
     - empatia;
     - humildade;
     - flexibilidade;
     - imaginação criativa;
     - ser um bom ouvinte;
     - lealdade.
   - Atitudes típicas na conversação e atuação do mediador:
     - tipos perturbadores;
     - tipos colaboradores.

5. **Reforço**
   - *Nós*: a integração desejável
   - Necessidades interpessoais:
     - inclusão;
     - controle;
     - afeição.
   - Acordo, decisão e dissonância cognitiva:
     - diagnóstico, análise, avaliação e decisão.

6. **Reabordagem**
   - Como obter a cooperação espontânea da equipe:
     - fazer porque quer, não porque mandam;
     - considerar que a dominação produz subordinados passivos;
     - delegação é fator essencial para tornar um grupo participante e criativo;
     - conhecer os subordinados é fundamental;
     - interesse humano pelo subordinado;
     - admitir falhas. O perfeccionista é o antiadministrador;
     - errar, mas procurar errar cada vez menos;

- valorizar a força, e não a fraqueza dos subordinados;
- ser claro ao dirigir-se à equipe. Dizer o porquê ao enunciar uma ordem, para que ela não venha a se tornar um beco sem saída;
- lembrar-se de que, muitas vezes, a pessoa é capaz de dar a vida por sua ideia, embora fraca, e não pela ideia forte do outro;
- ao rejeitar ideias, justificar-se para não bloquear colaborações criativas;
- contribuir com criatividade é a função essencial da gerência;
- estimular a aceitação das mudanças para que estas se tornem eficazes;
- saber ouvir é condição básica para compreender;
- analisar fatos ao criticar. Criticar em particular e elogiar em público;
- por mais executiva que seja, a gerência sempre exerce assessoria.

Finalmente, considerar que a cooperação é sempre a atitude prioritária e a competição é o meio de mensurar desempenhos, mas o processo para ser eficaz deve revestir-se das condições da competição cooperativa, que valoriza o ganhar/ganhar.

6 Segundo passo: a argumentação

6.1 Conhecimento: condições e estilos

Por meio do conhecimento constroem-se os argumentos. A negociação eficaz parte da realidade conhecida, da análise da situação de forças e fraquezas e da estrutura motivacional, antes de se deter na frieza das reivindicações. Estas mascaram, muitas vezes, distorções, preconceitos e ressentimentos.

REFLEXÃO

Negociação é uma ação natural, pois viver é relacionar-se. O ser humano está permanentemente em interação. A expressão "nenhum homem é uma ilha" popularizou-se por exprimir a impossibilidade da vida tipo Robinson Crusoé. Isolado, o ser humano torna-se esquizofrênico, assim como as organizações se deterioram quando se fecham em seu contexto restrito.

Negociar é processo de relacionamento humano, daí pressupor a existência das quatro condições básicas mostradas na Figura 6.1.

FIGURA 6.1 Condições básicas para o processo de negociação

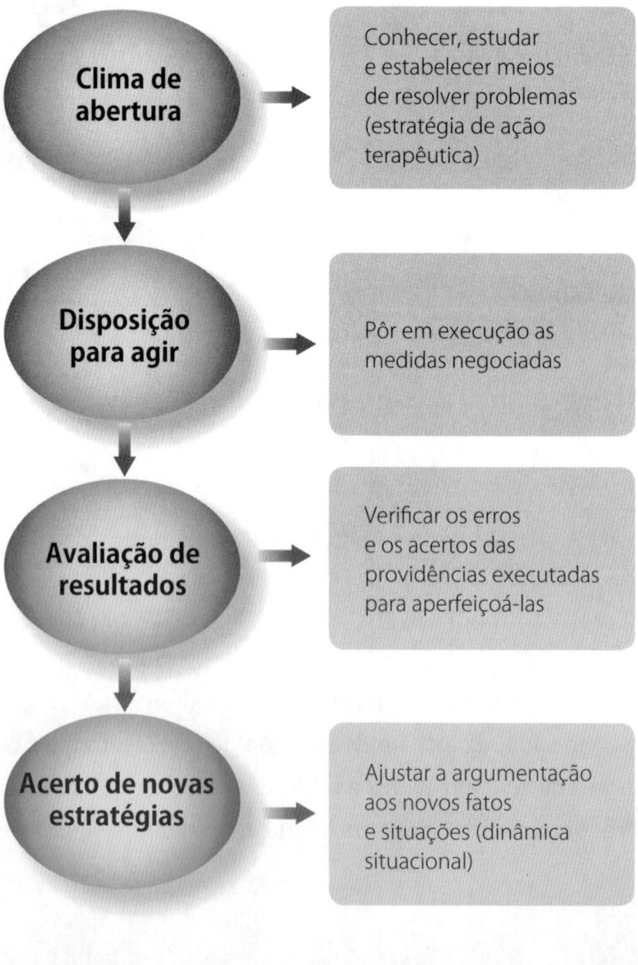

Para a eficácia da argumentação, é vital considerar que, atualmente, o *conflito funcional* é compreendido com base em uma filosofia integradora, que o considera necessário à criatividade e à inovação.

Desse modo, a administração do conflito implica as seguintes características essenciais:

- busca de criatividade, de motivação e de desenvolvimento no relacionamento gerente/equipe;
- aceitação das diferenças (conflitos) entre ideias, e não entre pessoas;
- reconhecimento de que a competição orienta-se no sentido de superar padrões convencionais, e não na linha da ambição individualista;
- convicção de que o conflito induz a transformações e progresso; e motiva o autoaperfeiçoamento constante.

FIGURA 6.2 Os quatro estilos de negociadores

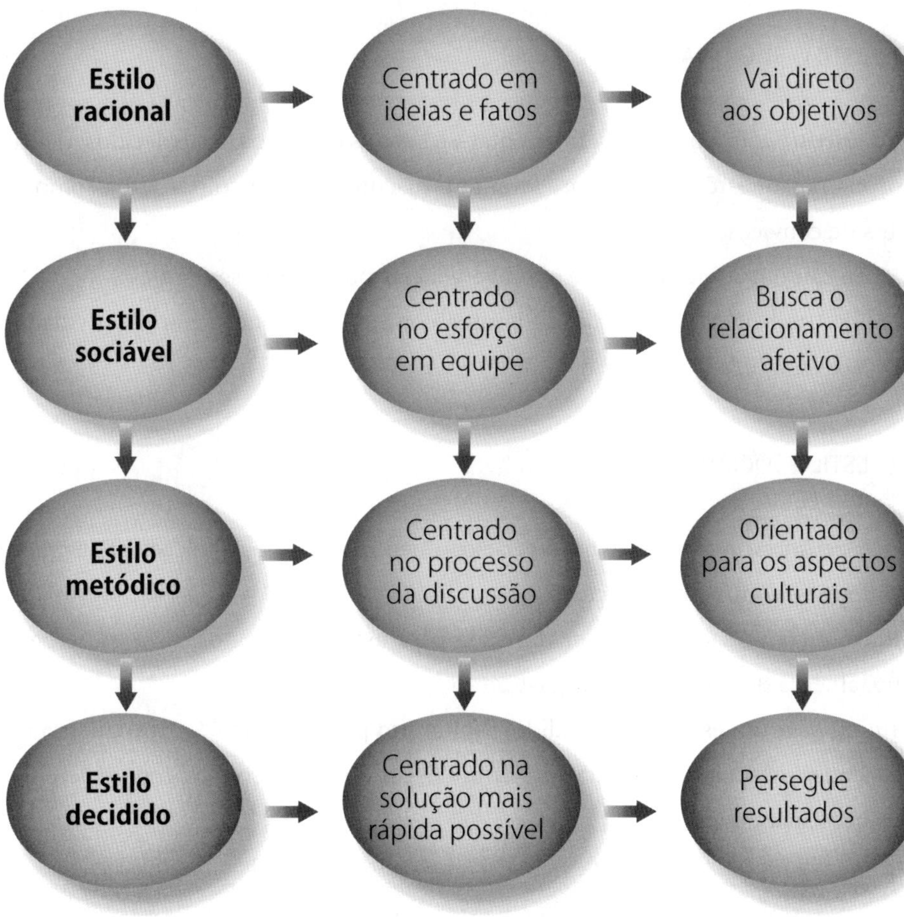

Sob essa perspectiva, é função dos administradores ter habilidade política para a negociação e fazer uso correto do poder, sem pôr em risco os próprios objetivos da organização.

A negociação envolve habilidades humanas (relacionamento interpessoal – estilos, motivações) e habilidades técnicas (processos). Conhecer a tipologia humana que compõe a mesa de negociação ajuda a estruturar a argumentação adequada para o consenso e o acordo. É nisso que reside a flexibilidade para a estratégia de discussão.

Como mostra a Figura 6.2, há quatro estilos básicos de negociadores.

6.2 Comportamento do negociador, segundo seu estilo, e como tratá-lo

6.2.1 ESTILO RACIONAL

Características: preocupa-se em orientar-se para os objetivos estabelecidos; discute a filosofia das questões aventadas, levanta e discute ideias e coloca fatos como elementos de convicção.

Risco: cair em subjetivismos e em divergências puramente semânticas.

Tática: estar atento à fixação de pontos convergentes que deem objetividade à discussão e conduzam ao acordo.

6.2.2 ESTILO SOCIÁVEL

Características: motiva-se para o relacionamento, deseja estabelecer previamente laços afetivos, confraternizadores.

Risco: a conversação pode ser desviada para assuntos aleatórios, com perda de tempo, ameaça de saturação e desgaste.

Tática: usar um estratagema válido: "soltar um pouco o anzol", para satisfazer as necessidades de socialização, mas procurar "fisgar o peixe", com a proposição objetiva das bases para o acordo.

6.2.3 ESTILO METÓDICO

Características: está atento aos regulamentos, à legislação específica, aos métodos de discussão, à tradição, aos usos e costumes. É pouco flexível às mudanças, querendo a observância estrita das regras do jogo.

Risco: a discussão pode desviar-se dos objetivos e resultados para a estrutura formal da comunicação e para os aspectos rigorosamente legalistas da matéria negociada. É o comportamento típico do tecnocrata.

Tática: reservar o tempo inicial, cronometrado, para a discussão dos aspectos formais (estrutura da reunião, metodologia da discussão, documentação básica, listagens das principais divergências, esclarecimentos fundamentais). A partir daí, objetivar o problema em essência, com propostas claras e incisivas.

6.2.4 ESTILO DECIDIDO

Características: não quer perder tempo em detalhes e pequenas questões, atacando os pontos sensíveis da questão, na esperança de solucioná-la prontamente.

Risco: o de induzir, com excesso de objetividade, o risco da omissão de pontos importantes, por falta de dimensionamento adequado do problema, percepção truncada e consequente diagnóstico imperfeito.

Cria-se, porém, ao serem minimizadas as necessidades típicas dos demais tipos comportamentais – a razão, o afeto, o método – um impasse conflitivo, em que os resultados tendem a ficar seriamente prejudicados.

Paradoxalmente, empenhado em decisões rápidas, por impaciência, esse método pode provocar intermináveis protelações.

Tática: recomenda-se, já no início da conversação, a apresentação de um quadro diagnóstico confiável da situação, com as várias alternativas solucionadoras. Com isso, atende-se a sua motivação psicológica em discutir objetivamente os problemas, mas dentro de uma análise ampla, com parâmetros efetivos que evitem visões distorcidas e ênfases fragmentárias.

Esse panorama sobre estilos tem apenas intenções didáticas, para facilitar a compreensão sobre as transações psicossociais na conversação, como advertência para sua complexidade. Não se pretende, com ele, prescrever receitas infalíveis para o relacionamento humano. No entanto, pode-se esperar que existam algumas condições fundamentais, como veremos a seguir:

- *Credibilidade*: ou seja, honestidade de propósitos.
- *Aceitação* (em princípio, do ponto de vista do outro): não fazer como Ulisses, que colocava cera no ouvido para não ouvir.
- *Abertura para novas situações*: não se pode querer responder aos desafios de hoje com velhas soluções, como pretendem muitos, por condicionamento cultural e tratamento burocrático.
- *Coerência*: manter-se fiel às convicções, porém com flexibilidade, pois a rigidez do convicto é porta aberta ao fanatismo e a todos os radicalismos estéreis.
- *Tolerância*: é o predicado de um espírito superior e a condição básica para qualquer negociação produtiva. Sem saber tolerar, não se consegue um acordo satisfatório, pois predomina a situação ganhar × perder, cujos resultados são sabidamente arriscados, pois o perdedor é sempre um frustrado, psicologicamente predisposto à agressão e à desforra.

REFLEXÃO

A atividade humana é fundamentalmente de relações, sendo, portanto, política. Todos influenciamos e somos influenciados o tempo todo. Somos educandos e educadores. Lideramos e somos liderados, numa mesma situação. Há sempre uma relação de poder na interação social, nem sempre exercida somente pelos que detêm a autoridade formal. Isso explica, de outro modo, a essência da vida grupal, o princípio da complementaridade.

O modo como as pessoas percebem a realidade reflete-se nos seus comportamentos e é consequência direta da assimilação do sistema de valores (princípios, crenças, tabus, preconceitos). Assim, conscientes ou não, as pessoas levam para o grupo informações subjetivas de sua experiência, o que pode tornar o diálogo imperfeito e sem autenticidade.

A vida social é constituída por uma sucessão interminável de eventos encadeados, nos quais os seres humanos estreitam ou dissolvem suas relações. Os efeitos da interação humana se desenvolvem em progressão geométrica. Qualquer contato entre os indivíduos é ponto de partida para novos contatos sociais mais complexos.

6.3 Tipos de direção na conversação formal (reunião)

A figura do líder, também chamado de coordenador ou dirigente de reunião, é elemento essencial, pois de seu preparo, conhecimento do assunto e interesse dependerá a motivação da equipe para participar.

Estudiosos de dinâmica de grupo têm voltado sua atenção para o papel do dirigente. Tornou-se clássica a distinção entre direção autocrática, direção condescendente e direção democrática.

6.3.1 AUTOCRÁTICA

A direção autocrática é aquela que se julga dona da verdade e tenta impor suas ideias aos demais. Desenvolve o binômio mandar-obedecer. É o dirigente que pensa por todos, fala por todos, não admite intervenção alheia e impõe suas ordens. Aos súditos cabe apenas a execução de tarefas puramente materiais, sob severa fiscalização. Esse tipo de direção anula a criatividade, o espírito de iniciativa e a responsabilidade do pessoal.

6.3.2 CONDESCENDENTE

Em termos de obtenção de resultados, pior do que a autocracia é a direção condescendente. Sua política é a de deixar tudo como está, para ver como fica.

Preocupado em continuar, o dirigente do tipo condescendente deixa o grupo de trabalho entregue à sua sorte. Ele não dirige, omite-se. E leva à omissão. É evidente que os resultados são nulos.

6.3.3 DEMOCRÁTICA

A direção democrática realmente exerce um domínio, ao contrário da condescendente. No entanto, o domínio que exerce não é sobre as pessoas – como acontece na direção autocrática – mas com as pessoas. Seu papel é convocar, motivar, educar e coordenar, ajudando o grupo a se integrar, a se envolver totalmente e a se responsabilizar pela conquista de objetivos comuns.

A direção democrática não centraliza todo o poder nas mãos; delega, tornando todos os membros ativos e atuantes. Isso estimula nos subordinados o senso de responsabilidade. Eles cooperam, aplicando as próprias iniciativa e criatividade em benefício do grupo.

REFLEXÃO

São as diferenças individuais que tornam viáveis os grupos e os enriquecem culturalmente. São talentos que se completam e se harmonizam, transformando em realidade grupo-equipe. Simples agrupamento de pessoas.
Grupo significa objetivos comuns, organização e liderança. Na empresa, é o que caracteriza a equipe, que, quanto mais consistente, mais líder se torna sua gerência.

6.4 Condução da conversação

6.4.1 IDENTIFICAR-SE COM O GRUPO

Se o líder ou membros do grupo não se conhecem, deve haver a identificação inicial. Cada um se apresenta, dizendo o próprio nome, a experiência profissional e tudo que possa interessar aos participantes.

A apresentação inicial leva à desinibição e facilita o entendimento. Esta é, porém, apenas a apresentação formal, um item do cerimonial da reunião. O que importa é a identificação psicológica, ou seja, a captação da confiança do grupo.

6.4.2 EVITAR ATITUDES PROFESSORAIS

Deve-se ir direto ao assunto. Ao ser observada qualquer tensão no grupo, recomenda-se começar com a narrativa de um fato interessante ou humorístico. Se não houver necessidade de recorrer ao flip-chart, o melhor é permanecer sentado durante a reunião.

O fato de haver alguém como dirigente de uma reunião – sobretudo de uma reunião de trabalho – não quer dizer que deva falar o tempo todo. O líder é o coordenador dos debates. Aprender a ouvir é condição fundamental para que possa compreender o ponto de vista do participante. Portanto, o líder não deve interromper o pensamento do manifestante, a não ser para disciplinar a reunião. A regra é ser objetivo, conduzindo o grupo a conclusões. Uma reunião vale pelos seus resultados.

O peso da autoridade tende a anular a criatividade e a iniciativa, em detrimento de negociações eficazes. É gerador de frustrações que potencializam situações conflitivas, prontas a serem deflagradas na primeira oportunidade.

6.4.3 MOTIVAR O GRUPO, COMUNICANDO-LHE ENTUSIASMO

Motivar é estimular o grupo à participação. Para levar à participação, recomenda-se:

- fazer perguntas: a pergunta é a grande arma de que dispõe o coordenador; ela gera ideias, estabelece o debate e conduz o grupo no sentido da objetividade, e as conclusões surgem espontaneamente;
- fazer que cada um colabore com sugestões, opiniões, depoimentos e críticas; solicitar trabalhos que ofereçam oportunidade de participação e ilustrem o debate;
- variar os métodos e recursos utilizados para evitar a monotonia e o desinteresse: não se deve abusar de explanações orais, recorrendo-se à leitura, ao debate direto e ao uso do flip-chart, de slides, álbuns seriados, gráficos etc.;
- fazer que a responsabilidade pelo sucesso da reunião recaia sobre todos é, de modo geral, a tática recomendada.

6.5 Métodos para acompanhamento e controle da conversação

6.5.1 CIRCUITO ABERTO

O método do circuito aberto é utilizado quando o dirigente permite que todos se pronunciem à vontade durante a discussão. O grupo centraliza as atenções.

São grandes as vantagens do circuito aberto. Há mais participação e integração do pessoal e o dirigente tem a possibilidade de conhecer melhor o grupo. Ele identificará logo os tímidos, os extrovertidos, os dominadores, os belicosos, os sabe-tudo, os desinteressados etc.

O circuito aberto também comporta desvantagens evidentes, ou melhor, perigos inegáveis: pode-se facilmente chegar à dispersão do assunto, sem que se tire nenhuma conclusão prática. A reunião pode se tornar tumultuada, com anarquia e indisciplina e a consequente perda de autoridade do dirigente.

6.5.2 CIRCUITO FECHADO

Por esse método, o dirigente mantém a reunião integralmente sob seu controle e todas as atenções convergem para ele, que dialoga impositivamente com os participantes, que não podem dirigir-se uns aos outros, segundo o próprio arbítrio, mas apenas por meio do dirigente. As vantagens do circuito fechado são:

- manter a reunião dentro de um objetivo prefixado; não há perda de tempo, nem desvio do assunto;
- manter a ordem por meio de relações sob controle (perguntas e respostas, predominantemente);
- manter facilmente a disciplina, centralizando a palavra no dirigente.

O processo tem desvantagens, como a falta de participação e interesse, levando ao perigo de gerar monotonia.

6.5.3 UTILIZAÇÃO DAS VANTAGENS DE CADA MÉTODO

Como ambos os métodos envolvem vantagens e desvantagens, nenhum deles deve ser utilizado com exclusividade. A técnica da direção de uma reunião está em saber abrir e fechar o circuito, conforme exigências circunstanciais do momento e da situação do grupo. Em geral, a reunião deverá ser conduzida em circuito aberto, pois suas vantagens são indiscutíveis e as desvantagens podem ser facilmente anuladas com a ação preventiva do dirigente.

O circuito aberto deve ser usado logo no início da reunião, para se conhecer bem o grupo, dar margem à participação e evitar a monotonia em reuniões predominantemente expositivas.

Fecha-se o circuito para levar o grupo a conclusões, para isolar monopolizadores dos debates, para que as ideias não se percam no calor das discussões, para desfazer pequenos grupos e chamar a atenção dos distraídos e desinteressados.

O circuito é aberto por meio de perguntas gerais e atitudes de condescendência do dirigente. Fecha-se o circuito utilizando-se perguntas diretas, ação enérgica do dirigente, uso de campainha etc.

Como o sucesso da reunião depende da habilidade do coordenador em saber abrir e fechar o circuito, alternando as modalidades conforme exijam as circunstâncias, e como abre ou fecha o circuito por meio de perguntas, é evidente a importância de saber perguntar.

REFLEXÃO

Não há entendimento com intransigência. É imprescindível que cada qual admita ceder em algum ponto. Com a prática do relacionamento aberto, participativo, negociado, vão-se criando as verdades comuns que mantêm a união entre as pessoas e dão consistência e continuidade aos grupos.

6.6 Saber perguntar: técnica para motivar a participação

A pergunta é a grande arma na mão do coordenador, servindo para motivar o grupo à discussão, manter a atenção e o interesse, obter informações e provocar ideias, incentivar os tímidos, chamar o grupo à objetividade, resumir e estimular conclusões.

Uma pergunta formulada de modo inteligente ajuda a conduzir o raciocínio, induz a atitudes compreensivas e favorece a conclusão de acordos, podendo ser aberta, direta, reversiva ou conclusiva.

6.6.1 PERGUNTA ABERTA

Dirigida a todo o grupo, ela abre o circuito, imprime cunho impessoal na direção e ajuda a identificar os participantes e a reunir maior variedade de informações.

6.6.2 PERGUNTA DIRETA

Dirigida especialmente a um participante, normalmente a pergunta direta deve ser evitada, para não aumentar a insegurança dos tímidos e não dar a impressão de preferências pessoais, o que indisporia o grupo em relação ao líder.

Em certas oportunidades, porém, o uso da pergunta direta é plenamente indicado para:

- *levar os tímidos à participação:* é evidente que as perguntas devem ser feitas de modo que não agrave o estado de inibição dos participantes; devem ser formuladas perguntas simples, quando se percebe que os participantes têm condições de responder;
- *despertar a atenção dos distraídos:* é preciso que a pergunta seja dirigida de modo que não suscite constrangimentos e não exponha os participantes ao ridículo;
- *estimular a participação de quem tenha conhecimentos especializados sobre o assunto ou experiência interessante a relatar;*
- *impedir que alguém lidere a formação de grupinhos:* neste caso, a pergunta direta traz os participantes à discussão do tema, impedindo-os de continuar a desenvolver comentários paralelos ou discussões isoladas, prejudiciais à disciplina e à eficiência da reunião.

6.6.3 PERGUNTA REVERSIVA

É a que o dirigente da reunião recebe de um participante, devolvendo-a ao grupo, a quem a formulou ou a determinado participante. Quando a pergunta pode motivar uma discussão ampla da matéria, é conveniente devolvê-la ao grupo. Ela deve ser devolvida à pessoa que a formulou quando é de interesse ouvir a opinião dela, antes de uma resposta final. A pergunta devolvida a quem a formulou é excelente recurso para desarmar o participante mal intencionado.

Transfere-se a pergunta a determinado participante quando ela envolve conhecimentos especializados sobre os quais um dos participantes é autoridade.

O coordenador não deve abusar da pergunta reversiva, que poderá ser interpretada como manifestação de comodismo ou insegurança.

6.6.4 PERGUNTA CONCLUSIVA

Visa levar o grupo ou determinado participante a concluir seu pensamento. É ótimo recurso contra divagações inúteis e discussões intermináveis, bem como para findar a reunião, quando o tempo está para se esgotar.

REFLEXÃO

As desigualdades, devidamente administradas, quando a negociação é uma prática habitual, tornam os relacionamentos interpessoais e organizacionais inteligentes e produtivos, pois os talentos se complementam.

6.7 Recomendações ao negociador: observações práticas para o êxito na conversação

6.7.1 FATOS E EMOÇÕES

Para discutir, julgar, concluir ou decidir é fundamental a informação – buscar dados, testemunhos, documentação e fatos sem os quais prevalecem a subjetividade, as hipóteses e os preconceitos que levam muita discussão ao palavrório estéril e ao conflito, tornando as conversações dominadas pelas emoções desenfreadas, e não pela reflexão e concórdia.

O *problema equacionado,* ou seja, o quadro diagnóstico de uma situação, tem o mérito de polarizar as atenções para algo objetivo e desafiador. É um apelo à razão, à inteligência e à experiência.

Valores, sentimentos e opiniões tendem a fluir de maneira mais espontânea em decorrência da análise objetiva dos fatos, minimizando-se seu potencial de conflitos.

Num ambiente em que impera o individualismo, cada um está voltado para o *seu* trabalho, os *seus* interesses, as *suas* atividades ou, quando muito, para o *seu* setor. Neste caso, sua unidade departamental e mesmo sua empresa correm o risco de tornarem-se ilhas organizacionais, sem massa crítica, sem trabalho de equipe e sem lideranças.

Essa falta de consistência interna provoca na organização:

- atuações externas incoerentes e assistêmicas, improvisadas e muitas vezes inoportunas;
- ausência das necessárias adaptações inovativas.

No nível gerencial, as consequências negativas são:

- falta de habilidade em perceber mudanças;
- falta de visão estratégica no processo decisório.

6.7.2 ESTILOS E COMPORTAMENTO

Administrar diferenças é, na verdade, a essência da administração. As pessoas são desiguais, as situações também; toda a realidade de vida expressa peculiaridades. Buscar a identidade é o desafio do homem, em termos de autodesenvolvimento. Todavia, raciocina-se e age-se, comumente, na base de referências e parâmetros niveladores, massificados, daí emergindo erros, divergências e atritos que comprometem o relacionamento humano.

Na negociação é preciso considerar, basicamente, esse pressuposto das diferenças individuais que definem o estilo de cada participante. Cada qual é um tipo próprio de existência, com necessidades, motivações e interesses característicos, expressos por meio de traços observáveis, que definem o comportamento.

Procurar enxergar além das aparências pode não ser fácil, pelo menos no início, mas é uma necessidade em termos de boa convivência e ótimas negociações. Não há outra alternativa para o êxito nas relações humanas. A outra hipótese é o risco evidente em trocar alhos por bugalhos, confundindo atitudes (disposições) com comportamentos (exteriorizações) e, desse modo, comprometendo as possibilidades de bom entendimento.

6.7.3 EMPATIA

Ver-se no outro é uma prática psicológica muito útil para que não se cometam injustiças na avaliação e no julgamento das pessoas. Deve-se colocar dentro da perspectiva do interlocutor, posicionando-se e refletindo segundo sua realidade, seu quadro de carências e aspirações, postura que previne interpretações precipitadas e radicais.

Carl Rogers, autor da prática psicoterápica centrada no cliente, recomenda um exercício ao qual atribui eficácia na redução das diferenças e da passionalidade nas discussões. Essa prática consiste em que cada um só pode expressar as próprias ideias após ter repetido, com precisão, as ideias e os sentimentos do interlocutor que falou antes, e de um modo que o satisfaça, o que significa partir do ponto de vista do outro.

6.7.4 CONFIANÇA

O grau de confiabilidade entre as partes é vital para o entendimento; a contrapartida, a desconfiança, é um foco permanente de conflito.

Confiança não surge gratuitamente, não é um dom generoso, muito embora exija uma atitude receptiva para crer nas boas intenções do outro. Confiar estimula a confiança. Sentir-se merecedor de confiança motiva atitudes e comportamentos, criando um clima de credibilidade, natural a negociações espontâneas, abertas e frutíferas.

Investir na confiança significa conhecer; é um exercício prévio de levantamento de informações confiáveis sobre o outro. É a disposição de conceder um crédito, de esperar correspondência a uma postura de tolerância e renúncia. Perder um pouco é uma tática para quem quer ganhar.

6.7.5 SAÍDA HONROSA

A conversação negativa gera becos sem saída. Há pessoas que já iniciam uma conversa brigando, competindo, hostilizando; gostam de travar duelos oratórios e vangloriar-se da supremacia. Perdem o sentido da objetividade, satisfazendo-se na luta pela luta. Tipos beligerantes... e como os há nos cenários das negociações!

Fechar a questão, tudo ou nada e *ganhar ou perder* inviabilizam acordos proveitosos, dificultando negociações futuras. Gera o clima vicioso e odioso da luta de classes, falsamente apresentada como contingência inevitável. Se ocorre, é por falta de educação empresarial, por deficiências no relacionamento diuturno de trabalho, por carência de políticas consistentes, pelo não estabelecimento de práticas de conversação e estímulo de atitudes e comportamentos divididos que acabam por tornar-se hostis.

Pressionar e encurralar o contendor serve unicamente para consolidar conflitos e estabelecer barreiras intransponíveis. O ideal é abrir possibilidades ao reexame e à renegociação, por meio de saídas honrosas, livres do sentido de frustração e do estigma de perdedor.

6.8 Sugestões e imaginação criadora

Objetividade não implica convencionalismo, rotina nem a monotonia das situações e decisões burocráticas que tornam a negociação uma fastidiosa arenga de pendências, queixumes, reclamações e soluções padronizadas. A negociação passa, assim, a representar um expediente formal, anacrônico, empobrecedor. Não é negociação, é formalização; não há decisão, mas resoluções acomodatícias.

Conversação é processo: negociação está mais identificada com objetivos, decisões e resultados.

Negociações eficazes são um investimento num processo de valorização permanente, enriquecedor, renovador. Negociação envolve relações humanas no trabalho, sistemas de comunicação, moral de grupo, cultura e clima organizacionais sadios, produtividade, lucro e bem-estar coletivo.

Há um compromisso de ambas as partes em preservar a continuidade do processo que implica um canal permanentemente aberto à discussão. Propor ideias e sugestões, em forma de estudos, como meio de expressar colaboração na resolução de problemas do outro, demonstra uma atitude de valorização que certamente influenciará o clima de entendimento.

REFLEXÃO

A centralização do poder – sob todas as formas de autocracia e manipulação – é danosa ao desenvolvimento, pois é o exercício da decisão que leva à maturidade. O poder ditatorial infantiliza os subordinados, mantendo-os em estado de dependência contínua. Eximidos da responsabilidade, pois quase nada decidem, fatalmente desmotivam-se e, sem atrativos à criatividade, tornam-se burocráticos e omissos.

6.9 Forças e fraquezas

Nossa tradição cultural, a educação familiar, o ensino na escola, as avaliações de mérito e mesmo de desempenho nas organizações tendem a enfatizar fraquezas. Promovem-se levantamentos das falhas e deficiências, perdas e danos de personalidade, da conduta moral, da formação profissional, do desempenho, sob a intenção manifesta de premiar o mérito e corrigir as debilidades. Os clássicos exercícios de necessidades de treinamento, para a programação do desenvolvimento de pessoal, ilustram muito bem essa mentalidade analítica de fraquezas.

O risco imediato é a polarização no negativo, na crítica, na depreciação, no erro e no fracasso. É preciso inverter o processo – o que vale, o que rende, o que apresenta resultados é a força, e não a fraqueza.

6.9.1 INVESTIR NAS FORÇAS É DESENVOLVER A COMPETÊNCIA

O hábito em realçar os aspectos positivos leva as pessoas a ganhar em expressão, em valia e em simpatia, tornando-se agradáveis ao convívio. Sentindo-se valorizadas, certamente corresponderão.

REFLEXÃO

A disciplina sem flexibilidade gera rigidez cadavérica. Há vida num corpo clinicamente morto, por algum tempo. De modo analógico, muitas pessoas não têm consciência de que já morreram como grupo social e vegetam até que cessem as condições de sobrevivência artificiais. Organizações que convivem com o prejuízo e com a desintegração funcional estão em situação idêntica. Se descermos com uma lupa às suas entranhas, descobriremos que o desentendimento é generalizado. Não há negociação por falta de consciência da necessidade, por falta de hábito e de vontade e por falta de conhecimento da tecnologia.

6.9.1.1 Negociação em tempos difíceis

Um exemplo expressivo e pioneiro de negociação em tempos difíceis ocorreu em fevereiro de 1982, nos Estados Unidos, envolvendo a Ford Motor Company e a poderosa organização sindical United Auto Worker (UAW).

De um lado, a empresa vinha acumulando crescentes prejuízos (cerca de 2 bilhões de dólares, em dois anos); de outro, havia o fantasma do desemprego (55 mil empregados da Ford dispensados no mesmo período, filiados à UAW).

Passados 13 dias de intensas negociações, que se processaram na sede da empresa, em Michigan, celebrou-se o acordo, sob vários aspectos inéditos, que marcou um novo posicionamento nas relações amistosas sindicato-empresa.

Pelo acordo, no prazo de 31 meses, abria-se mão de benefícios conquistados antes, pelos 105 mil empregados da Ford que, deste modo, não receberiam os 3% de aumento anual por produtividade nem, pelos nove meses seguintes, a reposição pelas depreciações impostas pela inflação. Em setembro de 1984, todavia, as compensações salariais seriam retomadas.

Ainda pelo acordo firmado entre a Ford e a UAW (central sindical com 1,8 milhão de associados e 47 anos de existência), os empregados abriram mão de seis dias por ano de repouso remunerado, redução de 15% nos salários dos novos trabalhadores, em favor de aumentos, a cada seis meses, de 5%.

Estima-se que tais concessões se refletem em menos de um bilhão de dólares na folha de pagamento, significando, porém, como compromisso da Ford, uma série de decisões, até então inconcebíveis na comunidade empresarial americana, quais sejam:

- pelo prazo de dois anos, não fechar nenhuma de suas linhas de montagem e fábricas de autopeças;
- aos empregados demitidos com mais de 15 anos de serviço, pagar o equivalente a 50% do salário até que consigam novo emprego;
- novo sistema de participação nos lucros, quando estes excederem em 2,3% as vendas (com base no ano de 1978, quando a Ford lucrou 1,59 milhão de dólares, cada empregado teria, pelo novo sistema, direito a 223 dólares);
- início em caráter experimental, em duas de suas fábricas, de um programa-piloto de emprego vitalício.

6.10 Reforçando: vantagens da conversação

A título de reforço, podemos sintetizar as vantagens de um processo de conversação por meio de um sistema de reuniões programadas.

1. Promover o diagnóstico da situação do grupo de trabalho. Basta um mínimo de intuição psicológica para medir o moral do grupo, identificar o funcionário interessado e o desmotivado, o empreendedor e o sem iniciativa etc.
2. Ser excelente instrumento de comunicações que, pelo sistema, se tornam mais claras, mais completas, mais objetivas, sem falsas interpretações individuais.
3. Possibilitar maior margem de segurança operacional. A razão é simples: duas cabeças pensam melhor do que uma só. Independentemente da contribuição alheia, só o fato de falarmos sobre nossos propósitos – pensar alto – já propicia uma crítica mais profunda a respeito de nossas ideias.
4. Levar o grupo à cooperação. A reunião informa. Quem está informado participa. Quem participa não critica, senão construtivamente. O participante coopera.
5. Favorecer o mútuo conhecimento e, portanto, o congraçamento e a confraternização. O sistema de reuniões programadas pode levar a verdadeiras relações humanas produtivas.

6. Proporcionar formas plenas, vivenciais, de aprendizado. O sistema de reuniões é um dos melhores métodos para o aprimoramento humano e técnico-profissional dos participantes.

Já se disse que, enquanto a reflexão é uma discussão silenciosa, o debate é uma reflexão em voz alta.

FIGURA 6.3 Planejamento da exposição oral

Assunto __________

Objetivos (1)
1. __________
2. __________
5. __________

Tópicos (2) Principais
1. __________
2. __________
3. __________
8. __________

Palavras-chave (5)

Introdução (3)

Tempo (4)

Informações básicas (6)

Sumário (7)

Lembretes (9)

Material auxiliar (8)

(1) Relacionar os objetivos.
(2) Preparar um esboço dos tópicos principais.
(3) Fazer um esboço da introdução da exposição.
(4) Anotar o tempo disponível.
(5) Anotar as palavras-chave que indicarão o que deve ser dito.
(6) Enunciar as informações necessárias.
(7) Preparar um sumário.
(8) Anotar o material necessário.
(9) Anotar informações adicionais, fatos pitorescos, anedotas etc., para serem utilizados, caso haja tempo e conveniência.

Uma sutil atitude negativa, muito comum nas negociações, é a expressa magistralmente por São Francisco de Sales:

> Nós acusamos o próximo de coisas leves e desculpamos em nós mesmos coisas graves. Queremos vender a preço altíssimo, mas compramos muito barato. Queremos que se faça justiça em casa dos outros e que se use de misericórdia em nossa casa. Queremos que sejam bem interpretadas as nossas palavras e nos escandalizamos com as alheias. Se algum dos nossos subordinados não tem boas maneiras para conosco, levamos a mal tudo o que fizer; pelo contrário, se alguém nos é simpático, desculpamo-lhe tudo. Os nossos direitos são reivindicados com rigor, mas queremos que os outros sejam discretos na reivindicação dos seus... O que fazemos pelos outros sempre nos parece muito, o que os outros fazem por nós, parece-nos ser nada.

Por seu turno, dizer que os empregados não estão preparados para a negociação é o mesmo que dizer: “Quando você se tornar um jogador lhe darei uma bola”.

Ou será o mesmo que confessar seu fracasso, como gestor-líder, em prepará-los?

NEGOCIANDO...

Quem é o cliente?

Impossível argumentar e negociar sem conhecê-lo.

O foco central é a formação da cultura de cliente: quanto mais consistente, mais conscientizada e mais renovada a concepção de cliente, mais sólidos e duradouros são os empreendimentos.

Tipologia do cliente

Ter foco corporativo no cliente não é uma diretriz puramente mercadológica, sujeita aos equívocos das respostas prontas e simplistas.

No entanto, é preciso saber de que "cliente" estamos falando.

Quem é, na dimensão exata, nosso cliente?

A resposta certa, geradora do sucesso sustentado, exige reflexão permanente e coerência em relação aos públicos-alvos, suas peculiaridades e exigências específicas.

A visão estratégica do cliente resulta do atendimento específico a cinco conceitos fundamentais:

Cliente externo

Consiste na nossa percepção que vai além do perfil do consumidor típico que adquire produtos e serviços, envolvendo todos os agentes que contribuem para efetivação das operações. É imprescindível, para a eficácia e excelência no atendimento ao cliente, considerar as transformações significativas ocorridas no meio social.

Sem perceber o complexo de influências nas decisões de consumo, elabora-se em equívocos graves, que determinam porque, de repente, o sucesso virou fracasso.

> O cliente mudou em suas exigências, mudou o mercado em suas diversificações ou mudamos nós próprios como fornecedores de serviços, sem a adequada percepção coletiva interna.

Cliente interno

Consiste na nossa percepção de que o contexto organizacional implica uma teia de relacionamentos focada na satisfação do cliente.

É vital que, qualquer que seja o nível funcional, todos compreendam que desenvolvem "produtos" – informações e serviços – para "usuários" – consumidores internos – e dependem de "fornecedores" – responsáveis pelos insumos/informações. Nisso reside a essência da negociação.

> Todos são, simultaneamente, fornecedores e usuários. Ou seja, todos na organização vivem situações de cliente. Essa dinâmica identifica uma organização sistêmica, como elos indicadores de integração organizacional, responsáveis pelo bom serviço e bom atendimento ao cliente externo.

Os problemas de excelência em gestão estão intimamente relacionados aos desajustes na interação interfuncional – nas interfaces da cadeia fornecedor/produtor/cliente.

Cabem, então, os questionamentos:

— Que produtos (serviços) devemos gerar?

— Quem são nossos fornecedores (insumos, informações relevantes)?

— Quem se apropria dos produtos que geramos e que, por sua vez, vai se tornar ponto de entrada para novas relações, até o cliente final?

Nisso reside à eficácia para a organização focada no cliente.

Cliente interior

Consiste na nossa percepção de valores pessoais como seres em desenvolvimento e da motivação em pertencer à corporação a qual prestamos lealdade, competência e co-responsabilização por resultados, em busca da excelência.

Colaboradores felizes, bem ajustados, identificados com os valores corporativos, superam-se na missão de servir.

Clientes do cliente

Consiste na nossa percepção das necessidades dos clientes de nosso cliente. Esse é o desafio pós-moderno da satisfação plena do cliente. Ou seja, de nosso interesse de que os produtos que fornecemos estão sendo bem aceitos, não só pelo cliente imediato como pelos clientes aos quais nossos produtos e serviços são repassados. Deve-se analisar suas possíveis dificuldades e como podemos contribuir com nossa experiência. Essa é uma assessoria técnica que corresponde à formação de excelência da marca institucional através da plena satisfação do cliente.

Cliente cidadão

Consiste na nossa percepção das necessidades sociais da comunidade em que atuamos de modo a poder contribuir para a melhoria da sociedade como um todo. Trata-se de oportunidades de fixarmos nossa imagem institucional como socialmente responsável. Nossa responsabilidade social traduzida em ações significa que cada funcionário deve estar aberto à contribuição voluntária sempre que possível. Ser implica colocar alma no que faz.

Em síntese, cultura de cliente é esse espírito coletivo em que o foco no cliente torna-se uma atitude espontânea, tão natural como a respiração – a corporação se perpetua com essa visão e ação estratégica.

Perfil do líder de cliente – traços marcantes para o saudável processo de negociação

1. **Consciência funcional** de que, de algum modo, todas as atividades convergem para o cliente e a satisfação de suas demandas.
2. **Conhecer o perfil do cliente típico** da instituição – potencial dos produtos e serviços, necessidades, anseios – estendendo o conceito de cliente a todos que demandam à organização para algum atendimento.
3. **Sentir-se representante corporativo** nos contatos com os clientes. Significa manter a atitude psicológica e o comportamento profissional de modo a assumir, em princípio como de sua responsabilidade, os problemas propostos pelo cliente.
4. **Buscar o apoio necessário**, junto às instâncias competentes específicas, para solucionar situações críticas suscitadas pelo cliente. Não transferir simplesmente o problema, mas acompanhar seu processo decisório, dando ciência ao interessado.
5. **Desenvolver com a equipe que lidera a mística do cliente satisfeito** – promover reuniões periódicas para reforço conceitual na linha de desenvolvimento da cultura de cliente. Desse quadro brota o espírito da negociação permanente e a capacitação de negociadores.

TREINAMENTO DE NEGOCIAÇÃO

EXPERIMENTO 7 | Negociação e venda: um presente de aniversário

Objetivo

Levar os participantes a refletir sobre o significado do bom relacionamento vendedor/cliente na formação da imagem empresarial e de que maneira a qualidade da organização contribui para a eficácia do processo.

Transmitir um quadro de orientação metodológica sobre a dinâmica da venda.

Sequência

1. Promova uma rápida discussão sobre a metodologia dos seis passos dinâmicos a fim de relembrar e reforçar os conceitos fundamentais.
2. Os grupos devem ler o histórico do caso, item E7.1, a seguir, e anotar os principais aspectos como referências para análise.
3. Em seguida, devem ler o item E7.2 "Desenvolvimento da técnica de vendas: a metodologia de venda".
4. Solicite aos participantes uma apreciação crítica, por escrito, do caso. Essa análise deve ser feita com base na estratégia de negociação proposta neste livro, mas adaptada à dinâmica das vendas. Os tópicos essenciais – abordagem, demonstração, superação de objeções, fechamento da venda e formação da clientela, estão relacionados e explicitados no item E7.3.
5. Promova uma discussão aberta com o grupo, levando-o à conclusão sobre os pontos essenciais a serem observados em qualquer negociação de vendas.

E7.1 Histórico do caso

Data: 10/5. Martins entrou em uma loja de aparelhos eletrodomésticos. Sábado era aniversário de sua esposa e ele desejava fazer-lhe uma surpresa. Dirigiu-se a uma loja pela campanha promocional que vinha desenvolvendo. Foi atendido por um vendedor extrovertido que não teve dificuldades em fechar a venda; escolheu a marca, objeto do anúncio, e pagou à vista. Apenas exigiu, com insistência, uma condição: entrega certa até sábado. Parecia não haver problemas para que a mercadoria fosse entregue. Para passar segurança, o vendedor escreveu no talão de vendas: "Entrega urgente até sábado, sem falta".

Martins saiu satisfeito com a compra: marca de prestígio, um razoável desconto no preço pela compra à vista e a garantia de um ano com a anunciada assistência técnica fornecida pela empresa.

Data: 12/5. Martins nada disse à esposa, prevendo sua surpresa. Na sexta-feira à tarde, como o aparelho não havia chegado, telefonou para o vendedor, recebendo a informação de que sábado de manhã seria entregue, pois a expedição entendeu que esta só deveria ser feita em tal dia. Confessou que foi um equívoco, mas que ele ficasse sossegado. Martins pensou: "É melhor que chegue no próprio dia; tem mais efeito".

Data: 13/5. Passou-se o dia do aniversário e a mercadoria não chegou. Martins ficou furioso e acabou brigando com sua esposa, tamanho foi seu nervosismo. Como no domingo nenhuma providência podia ser tomada, iria bem cedo à loja, na segunda, reclamar com veemência.

Domingo à noite, porém, foi informado por telefone de que deveria viajar bem cedo para São Paulo para tratar de negócios importantes, e o problema teve de ser adiado.

Data: 17/5. Quarta-feira, ao regressar de São Paulo, soube que a entrega do aparelho só tinha sido feita naquele dia. O aparelho havia chegado, mas não funcionava.

Data: 18/5. Martins, exaltado, procurou o vendedor e este, com frieza e desinteresse, diz ter tomado as providências que estavam ao seu alcance.

Quanto ao fato do aparelho não funcionar, que procurasse o chefe do serviço de assistência técnica no segundo andar.

Cansado da situação estressante, Martins aguardou no guichê enquanto Moura, encarregado da assistência técnica, terminasse um telefonema. Além de encarregado, Moura era também técnico; um tanto rústico, não estava preparado para os problemas de atendimento ao público, demonstrando falta de sensibilidade no trato.

Quando Martins iniciou sua reclamação, interrompeu-o: "Qual seu nome e endereço?" e, tomando nota, disse, virando as costas: "Amanhã o técnico irá examinar seu aparelho".

Data: 19/5. Finalmente, o aparelho funcionou. O técnico realmente esteve no dia seguinte, e, em cinco minutos, constatou o defeito em um componente eletrônico.

Data: 29/5. O aparelho voltou a apresentar problemas e Martins precisou fazer nova reclamação. Moura, pelo telefone, de posse da ficha de visitas técnicas, respondeu-lhe com certo azedume: "O técnico, na última visita, diz aqui no relatório que apenas trocou um componente. Talvez o defeito esteja na posição, experimente trocá-la de lugar".

Martins ficou possesso, disse uns desaforos e exigiu a presença do técnico em sua casa.

Data: 2/6. Os dias se passaram e... nada. Voltou a telefonar.

Moura disse-lhe que ele esperasse, pois havia fila. Martins retrucou que iria reclamar na gerência. Moura, com ironia, respondeu-lhe que esta seria uma boa ideia.

Data: 3/6. Martins estava novamente na loja, na hora de seu expediente de trabalho, sacrificando seus interesses profissionais. Depois de 30 minutos de espera, foi introduzido no gabinete do gerente. Este o ouviu com paciência, dando-lhe toda a razão.

Ao concluir sua reclamação, e um pouco mais aliviado pela atitude aparentemente compreensiva do gerente, aguardou as providências que seriam tomadas.

O gerente chamou sua secretária e pediu que o Moura comparecesse com urgência ao seu gabinete. Diante do cliente perplexo, o gerente recriminou severamente o Moura pelas atitudes que havia tomado naquele caso.

Martins interrompeu-o, tentando explicar que sua reclamação não tinha nada de pessoal, e o que esperava era ter seu aparelho funcionando normalmente. Moura, tentando defender-se, mostrou que era impossível trabalhar bem nas condições atuais, com muitas reclamações para atender e com número insuficiente de técnicos. O gerente foi incisivo: "Não estou perguntando sua opinião, quero que o senhor atenda imediatamente este freguês".

Martins saiu da sala *arrasado*; ao cruzar a loja, sentiu o olhar irado do Moura. Naquele mesmo dia, à tarde, recebe o telefonema da esposa dizendo que o aparelho estava funcionando normalmente.

Na condução para casa ia pensando: "No Natal estou querendo comprar um refrigerador, mas, obviamente, não será nesta loja!".

E7.2 Desenvolvimento da técnica de vendas: a metodologia de venda

PASSOS DA METODOLOGIA	RECOMENDAÇÕES
1. Abordagem • procure marcar entrevistas, com dia e horário determinados; • crie condições amistosas, como boa apresentação, cortesia, facilidade de expressão e bom humor; • procure conhecer os principais tipos psicológicos de clientes e como tratá-los; • identifique as necessidades do cliente; • dê tempo para que a mera atenção se transforme em interesse; • transforme o interesse em desejo de compra.	Forme uma boa imagem de você e da empresa

continua

continuação

2. Demonstração • leve para a entrevista um esquema das ideias essenciais, evidenciando os pontos básicos do seu plano de vendas; • enumere as vantagens do plano; • identifique todas as qualidades do produto e como ele se situa em relação à concorrência; • sobre o preço a pagar, deixe que o cliente pergunte, dando ênfase às vantagens do plano.	Uma demonstração convincente depende de sólido conhecimento do plano de vendas
3. Superação de objeções • evite mostrar embaraço ante as objeções; • considere-as uma oportunidade para reforçar as vantagens do seu plano de vendas; • estabeleça argumentos de venda para antecipar- se a possíveis objeções; • lembre-se de que, geralmente, as objeções resultam de desconhecimento das vantagens do produto. Por isso, você deve conhecê-las e evitá-las com demonstrações de objetividade e segurança; • lembre-se de que, em princípio, "o cliente sempre tem razão"; ninguém gosta de ver sua ideia contrariada; contorne a objeção, em vez de enfrentá-la abruptamente; use a técnica *sim, mas...*; • seja sincero, paciente, honesto e cordial. Evite ser formal, sem tornar-se "familiar" ou "íntimo"; • esclareça todas as dúvidas do cliente.	O autodomínio, a paciência, a persistência e o entusiasmo eliminam as barreiras à compra

continua

continuação

4. Fechamento da venda
• conduza o cliente a um estado de aceitação das vantagens do plano;
• procure descobrir qual o motivo da compra do cliente: segurança, vantagem econômica, vaidade etc.;
• perceba habilmente as opiniões do cliente, ouvindo-o;
• utilize como recurso para fechar vendas;
  ▸ conduza o cliente ao exame das vantagens adicionais ao plano básico;
  ▸ saiba de que modo o cliente deseja realizar a transação;
• preencha a proposta à vista do cliente e depois peça que ele a assine.
	A plena satisfação da necessidade do cliente deve ser o objetivo final a alcançar

5. Formação e fixação da clientela • conquiste a confiança do cliente e ele voltará a consultá-lo quando necessitar, transformando-se num consumidor habitual; • lembre-se de que toda venda é um contrato de confiança entre a companhia e o cliente; durante todo o tempo de vigência desse contrato, esteja atento a solicitações ou queixas do cliente; neste momento é que se consolida ou se perde um cliente.	Aquele que presta o melhor serviço é quem conquista a melhor clientela

E7.3 Desenvolvimento da técnica de vendas: a metodologia

AÇÃO	RECOMENDAÇÃO
1. Cristalize seu pensamento • determine objetivos de curto e longo prazo; • escreva-os.	Escrever reforça o que se fala e motiva a ação
2. Trace um plano para alcançar seus objetivos e um tempo certo para sua execução • identifique obstáculos, empecilhos e dificuldades, e como poderá tratá-los; • pondere suas forças e fraquezas para desenvolver umas e eliminar outras; • relacione seus talentos e habilidades e como pretende melhorá-los; • organize uma escala precisa do seu tempo, dia a dia, semana a semana, mês a mês.	Encare os problemas como desafios e se disponha a enfrentá-los e vencê-los
3. Desenvolva um sincero desejo pelas coisas que você quer na vida • visualize exatamente o que você quer; • identifique as recompensas que advirão dos seus objetivos.	Quando você visualiza o que quer, o desejo adiciona força à sua determinação
4. Desenvolva uma suprema confiança em si mesmo e em suas próprias habilidades • estimule sua imaginação criadora; • mentalize o que quer realizar para fazê-lo da melhor maneira; • imagine o sucesso e você o obterá; • forme o hábito de controlar a atenção e concentrar esforços nos objetivos.	Confiança vem de experiência. Experiência vem do saber. Saber vem da coragem de submeter-se a obstáculos que a média das pessoas evita enfrentar

continua

continuação

5. Desenvolva uma determinação inabalável que levará à frente seu plano, apesar das circunstâncias, obstáculos, críticas ou o que outras pessoas digam, pensem ou façam • seja persistente; • mantenha atitudes positivas de otimismo.	Quem tem o sucesso em mente traz na fisionomia o sucesso e obtém sucesso

7 Terceiro passo: a superação de objeções

Objeções podem significar desconfiança, ressentimento, resistência, conflito. Quase sempre refletem uma situação do tipo ganhar × perder.

7.1 Ganhar x perder

Ganhar x perder é a situação típica da competição predatória, muito comum e muito destrutiva em termos de moral da equipe.

A motivação básica é o combate ao inimigo, o que faz que a liderança desejável, dado o espírito de competição, seja a que demonstre mais agressividade, que, como traço equívoco da personalidade do executivo eficaz, ao ser um dos pré-requisitos para seleção, dá legitimidade à competição predatória, não só como condição normal, mas como condição desejável.

O empenho exagerado na vitória reforça a coesão grupal, o que pode gerar perigosos focos de resistência dentro da organização. O grupo competidor tende sempre a encarar suas teses como a verdade e negar a validade das implicações do adversário. Tal situação leva a um permanente estado passional, em que a objetividade é prejudicada por erros de percepção. Os pontos comuns ficam obscurecidos pela ênfase nas divergências; a preocupação é a competição, e não a cooperação, pois o motivo é a vitória a qualquer preço.

Fala-se no gerente agressivo como aquele que consegue tirar água da pedra. Só que isso, sendo uma fantasia, gera frustrações irreversíveis. Todavia, os heróis que levam o grupo às conquistas são, com a derrota, tidos como traidores pela própria equipe.

A situação ganhar × perder leva a um estado de contínua insatisfação e, mesmo quando os grupos selam um acordo, resta um resíduo substancial de hostilidades e de conflitos não resolvidos pronto para estourar a qualquer momento. Cria-se o estado de conflito potencial crônico, em que a desconfiança e a hostilidade condicionam atitudes e comportamentos.

Daí resulta que comunicações deficientes, percepções distorcidas e ressentimentos compõem o clima doentio que favorece os boatos e as interpretações errôneas dos fatos. Uma opinião ou determinado procedimento de um membro do grupo contrário pode desencadear o acirramento das hostilidades.

Todo poder e autoridade são mobilizados para garantir uma situação de ganho continuado e crescente que leva a um constante e obsessivo estado de alerta, o que traz, muitas vezes, uma aparente eficácia; porém, a permanente atitude de combate leva à exaustão. A ansiedade em querer vencer-vencer a qualquer preço, em detrimento de um adversário, mobiliza mais forças destrutivas do que construtivas. Cria um ambiente de tensão constante no qual, pela motivação da luta, se esquece de construir a paz, fonte de toda a prosperidade autêntica e duradoura.

O sistema *ganhar × perder* dentro das organizações é responsável pela falta de integração interpessoal e entre os departamentos. Nessa situação crítica, cada qual procura resguardar sua posição, em prejuízo do outro. Se a época é de restrições orçamentárias, cada um procura fazer uso de poder e influência para obter melhores vantagens, sem preocupação com o objetivo final. O importante é vencer, mesmo com sacrifício da organização como um todo. Esse é o paradoxo que o fenômeno da fragmentação – originário das situações de conflito – desenha nos quadros empresariais, mascarado, quase sempre, na decantada *agressividade gerencial*.

O esforço do mediador, ao confrontar situações do tipo ganhar × perder, consiste na tentativa de ajustar os pontos de concordância na esperança de um entendimento razoável, capaz de satisfazer as facções em litígio.

Nas melhores situações, o mediador tenta ir além do critério de compromisso, à procura de soluções não convencionais que garantam melhores níveis de aceitação.

Um pacto entre empregadores e empregados que garanta a paz social não ocorre por acaso, não se improvisa, desenvolve-se por meio de práticas institucionalizadas de diálogo e consenso. É o resultado de uma vivência democrática que se enriquece no dia a dia de trabalho compartilhado.

REFLEXÃO

Ciclo vicioso do mau relacionamento:

- não se percebe a necessidade da negociação;
- não se quer negociar;
- não se sabe negociar.

Daí surgem os comportamentos autocráticos, como manifestações de ignorância das motivações humanas. O centralizador é, em regra, alguém que não sabe conviver, que tem dificuldades em se relacionar e, então, manda! E exige obediência. Não negocia.

7.2 Objeções: como superá-las

O processo de negociação caracteriza-se por ser uma relação complexa na qual estão em jogo interesses próprios que configuram uma situação em tudo semelhante à comercial: um quer vender (função influenciadora) para alguém que deverá comprar (função reagente). A incompreensão quanto à dinâmica do processo leva ao conflito.

O acordo se tornará uma realidade quanto maior for a aproximação psicológica e técnica, em função de objetivos comuns, integrados.

Para que haja uma perfeita integração de propósitos é necessário, basicamente, confiança mútua, que se fortalecerá com o tempo pelas atitudes conciliadoras.

FIGURA 7.1 Os modos de interação

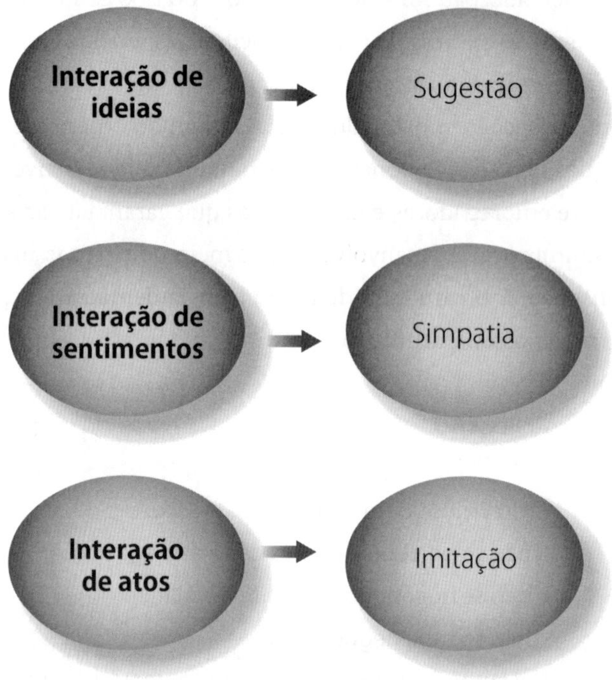

Autores americanos de marketing costumam empregar um método mnemônico de venda, o método AINDA, que se aplica a qualquer processo de negociação (A = atenção; IN = interesse; D = desejo; A = ação). Esse processo tem uma dinâmica integrada: a atenção, ao se fixar, tende a transformar-se em interesse (que é a atenção prolongada) que, por sua vez, leva ao desejo, que só não se concretiza se algum obstáculo interceptá-lo.

Segundo um princípio psicológico, ideomotor, as ideias inclinam-se naturalmente à ação. As forças impeditivas à conclusão do processo se traduzem em objeções ou desculpas. As objeções são ocorrências normais ao perfeito esclarecimento das dúvidas e à aceitação das vantagens e benefícios, devendo, portanto, ser encaradas como desafios à competência dos negociadores.

Cabe diferenciar, todavia, *objeções de desculpas*. Enquanto a primeira constitui um argumento ponderável, a segunda revela, tão somente, um pretexto, camuflando motivações mais profundas. Em uma, a resistência é racional, consistente; na outra, a desculpa da objeção real não é revelada.

Essa é uma situação muito comum, e a atitude dos negociadores ao conduzir objeções reais é essencial ao êxito. Por inadvertência, cometem-se erros, muitas vezes irremediáveis, insistindo-se em argumentos que não correspondem ao problema verdadeiro.

Conhecer as motivações do opositor à proposição, diagnosticando a objeção concreta, é um esforço necessário, cujas dificuldades podem ser minimizadas por uma argumentação planejada para os negócios, em que possíveis objeções são levantadas e estudadas.

Bons negociadores e boas negociações não resultam de transações improvisadas, de genialidades, de circunstâncias extremamente favoráveis, do acaso e da sorte, mas de ações programadas, pesquisas, análises, esforços e orientações.

Prevenir objeções. Essa é uma das táticas do negociador eficaz, adquirida por meio de estudos e experiência, quando, por uma percepção treinada, antevê as objeções, antecipando-as com demonstrações convincentes sobre as vantagens e os benefícios. Um argumento exposto, por mais frágil que seja, pode adquirir força, em virtude do orgulho pessoal e do entusiasmo por ver vitoriosos os seus argumentos.

Em crise e sob pressão, dificilmente se negocia livre e de modo eficaz. Ganha o mais forte, no momento. E se alguém perde, fica a frustração, a agressividade reprimida que anseia pela desforra na primeira oportunidade.

Desse modo, perpetua-se o círculo vicioso predatório do conflito assumido. O *nós e eles*.

Contornar as objeções. Essa técnica consiste em fixar-se nas vantagens substanciais em contraposição às desvantagens levantadas. É um método usado especialmente em relação às desculpas ou objeções fictícias. Dando-se ênfase aos méritos da proposta, anulam-se as probabilidades de que as negativas venham a constituir-se em motivo de resistências.

Aceitação aparente de uma objeção. Aceitar uma objeção apenas aparentemente e refutá-la logo depois é uma técnica bastante empregada. Significa uma atitude de consideração ao interlocutor, respeitando-se, em primeiro lugar, sua posição, para, em seguida, tentar convencê-lo. Muitos autores costumam chamar esse método de "Sim... Mas..."

Ouvindo, com tolerância, as objeções, consegue-se obter a receptividade da outra parte para os argumentos propostos.

Superar objeções consiste em estabelecer pontos de concordância, ou seja, a polarização nos objetivos integradores.

Os especialistas falam de um momento psicológico no qual a possibilidade do acordo torna-se mais sensível. Esse momento é obtido, exatamente, pela sucessão de pontos comuns que se estabelecem no curso da entrevista, levando a um estado de aceitação.

O acordo é justamente uma consequência lógica do espírito de compreensão acerca de vantagens recíprocas.

O negociador, em várias ocasiões, precisa ajudar o interlocutor a decidir-se por meio de sugestões e aconselhamentos ou testemunhos (referência a pessoas e situações semelhantes). A linguagem deve ser firme, positiva, convincente e otimista, sugerindo afirmação e concordância, pois nada é mais prejudicial do que uma argumentação fraca, indecisa, insegura, na base do não, talvez, quem sabe.

Confiança comunica confiança. As atitudes positivas ou negativas são contagiantes e o quadro mental tende a se materializar. Pensar no êxito é, de certa forma, obtê-lo.

Murillo Macêdo, ex-ministro do Trabalho, indica, em *Trabalho na democracia,*[1] algumas objeções correntes à negociação, as quais procuraremos resumir:

- A negociação é conflituosa e extenuante.

  Considera-se que a negociação é necessariamente conflituosa e leva as partes a uma extenuação improdutiva, que tenderia a exaurir e deteriorar as partes, levando a disputa para a greve e privando toda a comunidade dos bens e serviços de que necessita.

  O brasileiro não estaria preparado para negociar e, por isso, logo chegaria ao conflito, em vez do acordo. Em síntese, a negociação seria uma atividade predatória do ponto de vista social.s

  Em resposta, Macêdo afirma que os argumentos-respostas seriam assim resumidos: os países que mais praticam a negociação têm revelado sensível declínio de conflitos violentos e greves. Longe de ser predatória, a negociação é conciliadora e construtiva para as partes e para a sociedade. Predatória é a imposição do patrão, a ditadura do sindicato ou o mando do Estado (estas alternativas minam a sociedade e mantêm o conflito).

- A negociação é inflacionária e desempregadora.

  Argumenta-se que a negociação pressiona os salários para cima e, ao mesmo tempo, causa o desemprego e a rotatividade, provocados pelas empresas que

---

1 MACÊDO, Murillo. *Trabalho na democracia, a nova fisionomia do processo político brasileiro*: coletânea de pronunciamentos do titular da Pasta do Trabalho realizados entre março de 1979 e agosto de 1981. Brasília: Ministério do Trabalho, Comissão de Publicações e Documentação, 1981.

despedem seus empregados por não poderem pagar os novos salários (negociação, pleno emprego e estabilidade de preços seriam fenômenos incompatíveis). Respondendo, Macêdo afirma que os países que mais têm praticado a negociação têm convivido muito bem com um bom nível de emprego e pouca inflação; é através da própria negociação que o sindicato acaba descobrindo em que nível deve parar de pressionar e em que nível a empresa *quebra* ou despede empregados (este é o mecanismo autorregulador implícito na própria negociação.

- A negociação induz à indiferença.

Nos países de desenvolvimento social tardio, como o Brasil, é comum a ideia de que a negociação leva o empresário a se ver envolvido em uma série de condições, normas e regulamentos que emergem dos acordos entre as partes, o que criaria empecilhos ao pleno desenvolvimento das potencialidades da empresa. Macêdo contesta ao afirmar que a entrada do sindicato na negociação, solicitando dados da empresa, lutando contra os desperdícios, buscando mais lucro e melhor participação, forma um importante conjunto de forças que conduzem à maior eficiência administrativa, e não à ineficiência.

Comentando as três objeções, arremata Murillo Macedo:[2] "nenhum desses argumentos é empiricamente forte para substituir a negociação...". Isso não significa, obviamente, que a negociação entre as partes seja o sistema perfeito, mas a experiência não deixa qualquer dúvida de que ela é infinitamente superior à imposição do empresário, à ditadura do empregado ou à concessão do Estado. A negociação é o cerne da democracia. No entanto, assim como a democracia, a negociação não é um sistema perfeito, mas o que de melhor se conhece.

REFLEXÃO

Assim como respiramos sem parar o oxigênio necessário à vida, também negociamos o tempo todo, sem percebermos. Do mesmo modo que há técnicas para respirar de modo mais saudável – a maioria das pessoas, segundo os especialistas, não sabe respirar –, a negociação também demanda conhecimentos e implica estratégias e técnicas adequadas.

---

2 MACÊDO, 1981.

7.3 A resistência à mudança como objeção

Objeções são modos de resistência. Basicamente, traduzem insegurança, como reações ao desconhecido, ao incerto, quando mudanças são interpretadas como uma ameaça. Os padrões e estruturas estabelecidos dão a sensação de segurança; modificá-los gera temor.

Há sempre resistência quando não são claros os benefícios de uma mudança, pois a oposição não é propriamente às transformações, mas às suas consequências. Quando estas não estão definidas, assustam e inquietam, originando passividade ou revolta. Daí porque, na gênese da resistência, existe, muitas vezes, um mau comunicador. A causa principal de resistência centra-se, assim, fundamentalmente, no introdutor, e não nos envolvidos.

Toda relação humana é de certo modo uma negociação, que envolve compromissos, em que são estabelecidas condições.

Para que uma filosofia de produtividade se consubstancie em práticas organizacionais, precisa ser amplamente negociada; implica uma estratégia de conversão que significa, a rigor, saber conviver.

REFLEXÃO

Por ser um instrumento essencial de liderança, todo gerente deve habilitar-se a ser um bom negociador.

A mesa de negociação é um cenário estratégico em que se exercita a administração participativa. Todavia, a mudança é hoje uma realidade mobilizadora, caracterizando-se por três dimensões ostensivas:

- *generalização:* abrange todas as áreas da atividade humana;
- *irreversibilidade:* torna o retorno ao passado praticamente impossível, dada a obsolescência das situações anteriores;
- *rapidez*: a fulminante aceleração em que se processa.

A partir de 1900, as mudanças vêm ocorrendo em maior número do que em todo o período anterior. De tal modo e com tal velocidade as mudanças se processam, e em tão curto espaço de tempo, que uma regra útil para a prática de vida poderia ser assim estabelecida: “caso esteja repetindo hoje a técnica que utilizou ontem, provavelmente esta já esteja obsoleta e você corre o risco pessoal da obsolescência”.

A segurança não está mais na rotina, como se acreditava antigamente, mas na capacidade de adaptação aos novos tempos e aos seus desafios. Essa adaptabilidade consiste em encarar positivamente o custo da irreversibilidade do processo de transformação, identificando as mudanças como fonte educativa de renovação, respeitados os autênticos valores morais e espirituais, estes, sim, imutáveis em essência.

Renovar é condição para sobreviver, é compromisso básico da gerência para o desenvolvimento autossustentado. A segurança não resulta da rotina, como antes, mas da capacidade adaptativa em processar as mudanças e responder aos desafios da sociedade em transformação.

Existem, todavia, formas adaptativas altamente prejudiciais ao processo de negociação, que tendem a distorcer e invalidar a conversação. São formas de resistência bastante comuns:

- negar a realidade: fingir que não vê, ignorando os fatos indesejáveis;
- apoiar-se nas razões do passado: usar a experiência como justificativa para o imobilismo, em eternas rememorações;
- radicalizar posições e usar a força: manifestar atitudes hostis, por meio de explosões emocionais e violentas;
- supersimplificar: recorrer à interpretação simplista como recurso artificial para reduzir o impacto do desafio à transformação;
- mostrar passividade: acomodar-se de forma derrotista; deixar-se vencer pela apatia, quando a mudança passa a significar fracasso.

Tais adaptações negativas traduzem o *medo de não assimilar a nova situação* (abandono da rotina e dos padrões convencionais); o ter de *contrariar hábitos arraigados,* (que significam a supervalorização da sua experiência, que não é mais do que a rotinização de comportamentos); a *modificação de atitudes* (esforço árduo para alterar o quadro mental, ao ter de incorporar novos valores) e, finalmente, a *pressão para agir,* contrariando a lei do menor esforço (tudo o que é novo tende a parecer, aos acomodados, difícil ou mesmo impossível, por meio de atitudes de insegurança e de permanente descrença às inovações).

Para superar resistências, há uma regra estratégica geral, que pode ser assim formulada: só com participação há aprendizagem; só com participação há mudança.

Tal princípio da correção de situações distorcivas fundamenta-se, em síntese, nos seguintes indicadores:

- a rápida obsolescência profissional, exigindo maiores esforços em educação;

- profissionais mais intelectualizados, reclamando maior envolvimento pessoal, participação e autonomia;
- tarefas tendendo a ser mais técnicas, complexas e não programadas, exigindo, assim, muito mais aplicação da inteligência do que dos músculos. A complexidade delas fará que se desvie das abordagens individuais para a cooperação e o trabalho em equipe;
- existência de conflito entre valores profissionais e valores organizacionais; a lealdade tenderá a ser mais para com a profissão do que para com a empresa (este ponto é objeto de análise acurada de Alvim Toffler (1973), em seu livro *Choque do futuro);*
- estruturas temporárias, forças-tarefa, simplificarão a organização formal, tornando-a mais flexível; o executivo deverá ser capaz de coordenar esses grupos. Saber lidar com a informação será uma das habilidades mais necessárias ao administrador. Os organogramas serão representados mais por grupos de projetos do que por grupos funcionais;
- finalmente, o aumento da motivação por intermédio das tarefas-desafio (realização profissional).

7.4 Análise situacional para prevenir objeções

Diz a filosofia popular que "roupa suja se lava em casa", em alusão à necessidade de se discutir e resolver – aberta, franca e preventivamente – os problemas em sua origem. Quando a roupa suja não é lavada em casa, a sujeira é exibida na rua. Os murmúrios pelos corredores facilmente deságuam extramuro, gerando situações desagradáveis e onerosas. Erros, perdas e fraquezas devem ser reconhecidos para o estudo das causas e o estabelecimento de medidas corretivas.

Conhecer o terreno em que se pisa é a primeira condição para uma caminhada sem mais tropeços. A verdadeira imagem da empresa resulta da qualidade dos serviços prestados à comunidade.

Para a qualidade interferem:

- motivação positiva dos empregados;
- sistemas institucionalizados de conversação na empresa;
- integração das lideranças.

Com vistas à conscientização organizacional interna, para prevenir resistências, temos utilizado largamente o balanço situacional para diagnosticar as forças e as fraquezas da organização e das variáveis externas.

O balanço situacional fixa-se em três dimensões:

1. Determinação das áreas de perda
   - Onde estamos falhando (eficiência/eficácia)?
   - Que oportunidades estamos perdendo?
   - Potencial de negócios não explorado?
   - Recursos humanos não desenvolvidos?
   - Recursos tecnológicos não renovados?
   - Aspectos organizacionais deficientes?
   - Deficiências gerenciais?
   - Falhas mercadológicas?
   - Políticas obsoletas, inexistentes, mal definidas, pouco conhecidas?
2. Determinação das áreas de ganho
   - Onde estamos obtendo sucesso?
   - Quais os serviços (produtos) que, pelos seus resultados, mostram ser promissores?
   - Quais as políticas consideradas bem-sucedidas?
   - Quais os recursos (humanos, tecnológicos, organizacionais, de mercado) considerados de influência positiva nos resultados?
   - Determinação das linhas de ação.
   - Recomendações, diante do levantamento das áreas de perda e ganho.

A gênese de todos os males organizacionais reside, praticamente, na falta de diagnóstico e de um pensamento diretor, de integração dos dirigentes na organização. Não se fala uma linguagem comum se cada um pensa em direção própria. Se, de repente, perguntam-se quais os objetivos e metas da organização, as respostas são díspares e conflitantes.

O pior, porém, é não haver consciência desse problema. Por isso, é importante estabelecer uma filosofia de marketing na organização: procurar definir quais os produtos de cada órgão, seus fornecedores de insumos, e seus clientes, para visualizar como estão sendo comercializados.

Uma ampla e contínua reflexão sobre objetivos é necessária para manter um pensamento comum, condição essencial para a ação integrada. Cada gerente deveria ser capaz de informar prontamente quais são seus produtos – os serviços que presta, para quais clientes – os usuários dos serviços que executa, os insumos para realizá-los – de onde vêm as informações e demais elementos geradores, quem são os *gerentes* responsáveis por esses elementos – as interfaces, e os resultados que vêm sendo alcançados.

Isso significará a consciência do papel que desempenha numa organização sistêmica, e dessa visão depende o relacionamento integrado. O balanço situacional tem sido largamente usado por nós para orientar exposições em grupo, com vistas ao diagnóstico organizacional e ao planejamento estratégico.

NEGOCIANDO...

Líder de líderes

O conceito *líder de líderes*, que desenvolvemos em nossas consultorias, é um modelo calcado na prática da negociação, ao significar o compartilhamento do poder de influenciação recíproca. Numa comunidade liderada, todos estão contribuindo para o equilíbrio de forças e o enriquecimento de conhecimentos e experiências – *todos* lideram *todo o tempo, o tempo todo.*

É importante querer *saber o que é um* líder, mas o imprescindível é saber o que faz um líder.

A primeira abordagem induz-nos a um emaranhado conceitual de difícil definição, tantas são as referências e diversidades de personalidade dos líderes bem-sucedidos.

O que faz um líder leva-nos a definir com objetividade suas capacitações em um modelo de gestão próprio. Nessa segunda abordagem, caracterizamos o perfil e o desempenho do Líder de Líderes como Negociador.

Assim, o desafio determinante do sucesso da liderança negociadora é o modelo de gestão do líder ao responder a questão fundamental:

Como transformar potenciais de liderança da equipe em sinergia na consecução de objetivos comuns?

Em nossa concepção, o modelo de gestão fixa-se no exercício simultâneo do tripé *liderança, cultura e estratégia*, cujos pressupostos imprescindíveis são:

- A liderança precisa estar integrada em *vontades comuns.*
- A cultura precisa estar conscientizada em *verdades comuns.*
- A estratégia precisa estar estruturada por negociação em *ações comuns.*

Como traços comuns no perfil do negociador *líder de líderes sustentamos* como referência a sua formação e desenvolvimento:

CURIOSIDADE
Anseio por aprender
EDUCAÇÃO
Gosto por ensinar
OBJETIVIDADE
Foco no essencial
BOM HUMOR
Alegria por realizar
CRIATIVIDADE
Sonho com a excelência ao inovar
ENTUSIASMO
Estimulo à ação
AMOR
Disposição em servir
AMIZADE
Abertura à solidariedade
VISÃO
Percepção do futuro
FÉ
Visão transcendente
FELICIDADE
Realizar-se no realizar.

Esse quadro de referência nos oferece a dimensão de responsabilidade da liderança na harmonização do relacionamento. A plenitude conceitual serve para orientar o ideal a ser perseguido. Nesse quadro, a negociação e a delegação são instrumentos fundamentais da boa gestão.

TREINAMENTO DE NEGOCIAÇÃO

EXPERIMENTO 8 | Vencendo a resistência: superação de estereótipos e de erros de percepção

Objetivo

Identificar causas reais de resistência, evitando situações críticas de oposição por estereótipos e generalizações resultantes de distorções perceptivas.

Sequência

1. Leia atentamente os itens E8.1 – Erros de percepção: a experiência de Mason Haire, E8.2 – Experiência da revista *Parade*, e colha impressões a respeito, estabelecendo o debate acerca da influência dos preconceitos e de atitudes resistentes nas negociações e os caminhos para superá-los.
2. Em seguida, proponha que cada um responda, em uma folha de papel, à questão: como superar atitudes resistentes na mesa de negociações?
3. Finalmente, faça que os participantes se juntem em grupos e troquem suas contribuições escritas para leitura e conversação. Um participante de cada grupo deve relatar suas conclusões para que estas sejam discutidas.

E8.1 Erros de percepção: a experiência de Mason Haire

Uma fotografia, com a indicação de que se tratava de um líder sindical, foi apresentada a um grupo de administradores com apenas algumas informações elementares, como idade, estado civil etc.

Em seguida, entregou-se ao grupo uma relação de adjetivos, solicitando-se que assinalassem os mais apropriados para identificar a pessoa na foto. O resultado, em relação a três itens específicos, foi o seguinte:

- segundo 58% dos observadores, a pessoa tinha "fisionomia agressiva";
- para 60% deles, parecia "disposto a discussões";
- de acordo com 58%, era "brusco".

A mesma fotografia proposta a outro grupo de administradores com a indicação de tratar-se de um diretor de empresa revelou resultados totalmente diferentes, ou seja:

- 18% julgaram-no de "fisionomia agressiva";
- 8%, "disposto a discussões";
- 5%, "brusco".

Conclusão: a visão estava desvirtuada pelos preconceitos.

E8.2 Experiência da revista *parade*

O editor da revista *Parade* pediu a três de seus desenhistas que reproduzissem as linhas gerais de um "animal desconhecido", valendo- se de uma descrição completa dele feita pela Enciclopédia Britânica. O "animal desconhecido" era o porco--da-terra, existente na Austrália, e os desenhistas o desenharam completamente desvirtuado, retratando-o como se fosse um monstro pré-histórico.

Por falta de "experiência" (embora com informações teóricas completas), cada qual usou sua imaginação e o resultado foi completamente negativo.

E8.3 Reflexões sobre resistência à mudança

Atitudes resistentes são um forte bloqueio às negociações. O mais grave é que, em geral, as exteriorizações mascaram causas mais profundas, não reveladas e nem mesmo conscientizadas pelos participantes resistentes.

Se os negociadores não percebem essa realidade, podem ser induzidos a descaminhos perigosos. Para prevenir atitudes de resistência há três linhas básicas de ação: a pesquisa, a experiência e a discussão.

Assim:

- quando as ideias não são submetidas a um teste prático, há o risco de esvaziarem-se em palavras de significação puramente abstrata.

Assim, na negociação, como no trabalho educativo como um todo, é preciso que a palavra, para ser efetivada, seja seguida de discussão, pesquisa e experiência; o que interessa é o "fato provado", a veracidade da afirmação; aquilo que as pessoas julgam ser, muitas vezes, não é mais do que a materialização de estereótipos e imagens preconcebidas.

8 Quarto passo: o acordo

8.1 Motivar o ganhar-ganhar

Ganhar/ganhar é a situação desejável em que todos ganham algum benefício no processo da negociação. Enquanto na situação ganhar × perder há a euforia do vencedor contra os ressentimentos (sentimento de rejeição) do vencido, na situação ganhar-ganhar o que predomina é o sentimento de ganho, e não de perda.

Quem tem maior poder deve arcar com mais responsabilidades. Se a mesa de negociação visa ao acordo, a lógica rejeita a dicotomia vencedor/vencido. O ganhar/ganhar deve ser a essência que justifica o processo, sem o que este corre o risco de tornar-se um simulacro de conversação, esvaziando-se com o passar do tempo.

A situação ganhar/ganhar exige o consenso (troca livre de ideias até o acordo) no processo de negociação.

Consenso é esforço cooperativo, em vez de disputa competitiva. É a busca de soluções aceitáveis por ambas as partes, o que não ocorre na competição, em que há satisfação de um em detrimento do outro. No consenso são considerados os interesses de cada um, o que significa que, para uma solução, embora se exijam concessões, estas são aceitas livremente e os interesses profundos são respeitados. O consenso pressupõe, assim, uma interação espontânea, baseada na confiança mútua. Significa acordo no que diz respeito aos aspectos essenciais. É consequência da discussão democrática, e não um instrumento de homogeneização totalitária.

As soluções ganhar-ganhar, mediante o consenso, ganham corpo nas organizações modernas por meio das decisões pelo sistema de comitês e comissões colegiadas, em que o uso de ideias e sugestões é muito estimulado. A ênfase é no esforço cooperativo, sendo as diferenças minimizadas até que sejam absorvidas pelos objetivos integrados.

Quando um grupo não consegue chegar a um consenso pleno, procura-se uma saída razoável, que é o que Likert[1] chama de consenso pragmático, ou seja, obter consentimento em relação a um aspecto particular. Essa é uma prática que tem condição de evoluir para um entendimento global. Ao entrar em acordo sobre uma faceta comum, os membros estabelecem uma ponte na qual a comunicação vai se exercendo para novos reencontros.

O ganhar-ganhar é a prática da democracia no trabalho, que vai se aperfeiçoando e ganhando expressão de realidade comum com o seu exercício.

Uma cabeça dura e preconceituosa, um coração encapsulado pela desconfiança e uma postura formal, profissionalmente fria e motivada pela competição e pelo ganho não deixam espaço para a conversação. A franqueza, a humildade e a solidariedade não encontram guarida. Como chegar a um acordo mutuamente satisfatório nessas circunstâncias?

Ganhar/ganhar é o ideal da empresa solidária, humana e humanizante.

---

1 LIKERT, Rensis; LIKERT, Jane. *Administração de conflitos*. São Paulo: McGraw-Hill, 1980.

REFLEXÃO

A grande dificuldade em negociar e aceitar acordos é de ordem essencialmente atitudinal, seja por distorção cultural — quando não se valoriza a participação como hábito, fruto da tradição patriarcal e de uma educação extremamente dirigida —, seja por ressentimentos inconfessos, inibições, preconceitos, valores competitivos e individualistas que desenham o quadro mental de que só há duas alternativas: ganhar ou perder. Nada mais falso, mas também nada tão real no relacionamento humano, mais ainda numa sociedade consumista. Reverter esse quadro psicológico é vital num processo reeducativo para uma gestão renovadora.

8.2 Conscientização quanto à renovação permanente

Quando não se está consciente da inexorabilidade das mudanças como exigência natural à sobrevivência e ao crescimento, gera-se resistência.

Uma das maiores responsabilidades da gerência é administrar conflitos a fim de transformá-los em forças impulsionadoras.

A ausência do conflito funcional significa:

- apatia;
- acomodação;
- improdutividade;
- estagnação.

Mudar a mentalidade dos envolvidos no processo de mudança quanto ao seu significado para a renovação permanente implica evitar resistências e mudanças futuras.

São linhas de ação eficazes para evitar e superar resistências:

- preparar o espírito do pessoal, por meio de conversação orientada, reuniões, boletins de divulgação, folhetos etc.;
- estimular sugestões, por meio de programas especiais, e proporcionar a apresentação de novas ideias;
- treinar pessoas nas novas técnicas introduzidas, para dar-lhes segurança e evitar ameaças fantasiosas;
- cultivar o espírito de criatividade e iniciativa, com vistas à renovação permanente.

Em um contexto de mudanças, os aspectos organizacionais ganham expressão, já que as estruturas tendem a dificultar ou facilitar os processos de mudança, dependendo de sua maior ou menor rigidez.

Para a compreensão dos fenômenos correlacionados com as transformações psicossociais e a necessidade de novos modelos de organização, a contribuição de Warren Bennis é das mais relevantes. Segundo ele, as mudanças vertiginosas gerando novas necessidades, o crescimento das organizações e suas complexidades resultantes e a crescente exigência de competências diversificadas e de alta especialização tornam insatisfatórios e ineficazes os modelos tradicionais. São necessárias novas estratégias e novos modelos.

No entanto, a interpenetração das atividades entre governo e empresas, fruto da grandiosidade e da expansão dos projetos, força modificações substanciais no ambiente. Assim, cada vez mais:

- a competição cede lugar à interdependência;
- a normalidade e a certeza sucedem a turbulência;
- as organizações pequenas e médias evoluem para empresas de larga escala;
- as empresas nacionais vão perdendo terreno para as organizações multinacionais.

Para negociar com êxito é necessária uma estratégia, e esta pressupõe a existência de premissas básicas. Uma postura adequada quanto à mudança e ao novo é essencial.

Premissas:

Conversação prévia. Toda situação pouco reconhecida gera resistência.

Recomenda-se: enfatizar a discussão e a reflexão em grupo.

Corresponsabilidade nas mudanças. A não valorização pessoal no processo de mudança pela não participação criativa gera resistência.

Recomenda-se: valorizar o esforço cooperativo na implementação das mudanças.

Preponderância do novo sobre o antigo. A ausência de argumentos sólidos de convicção gera resistência.

Recomenda-se: apresentar fatos e resultados tangíveis como comprovação da validade do proposto em relação à situação anterior.

Planejamento participativo na aplicação. Quando tudo já está planejado para a execução obediente, gera-se resistência.

Recomenda-se: elaborar o planejamento de modo cooperativo, para que ele resulte em compromisso comum, com todos sendo chamados à cooperação.

8.3 Objetivos integradores na situação ganhar-ganhar

Estabelecer os objetivos integradores e fixar-se neles é um dos melhores estratagemas para negociar com êxito. Os objetivos integradores correspondem aos pontos de interesse mútuo e aos valores comuns, ou seja, aos aspectos que interessam a todos.

A mesa de negociações deve estar centrada, basicamente, nesses objetivos. Alcançá-los significa ter abertura para um entendimento pleno.

Criar bases para uma interação sadia, para que se estabeleçam processos de conversação e sejam criadas as situações de participação e corresponsabilização por resultados é o que se recomenda como pré-requisito para uma negociação eficaz.

À medida que o lucro ganha uma concepção eminentemente social, ao lado de sua intrínseca significação econômica (reinvestimento no esforço de expansão e melhoria), ele passa a constituir-se em poderoso objetivo integrador.

A sobrevivência da empresa e sua expansão devem ser motivo de orgulho, interesse e desafio para todos (empregadores e empregados). Quando não se consegue isso, falhou a administração de recursos humanos e fracassou a empresa, por mais que seja economicamente vitoriosa. Se for impossível evitar os conflitos, é possível e desejável capacitar as pessoas a preveni-los e remediá-los.

Um esforço orientado de conscientização sobre como obter a cooperação e evitar as situações conflitivas é o melhor modo de preparar as pessoas para o trabalho em equipe.

Na negociação, é preciso atentar para as motivações. Implicitamente – e quase sempre de forma não consciente – está o sentido de valorização pessoal (reconhecimento, afirmação, realização). É essencial respeitar esse valor.

O que move uma organização para o sucesso autêntico é a mútua identificação psicossocial de empregadores e empregados; para quem alcança os objetivos é uma meta de autorrealização. Braços, mentes e corações; a ação, gerada por meio da interação que só se viabiliza com eficácia pela integração.

A maioria dos conflitos nasce por ignorância de seus mecanismos geradores. Erros de comunicação, percepções viciadas por visões preconceituosas, sentimentos de inveja, ressentimento e competitividade levam a divisões que minam o espírito de colaboração e criam o clima hostil.

A educação tradicional, em nome da civilidade, tende a inibir as manifestações emocionais. Os sentimentos reprimidos, assim, extravasam-se mascarados por outras formas de expressão. Reações negativas podem esconder inveja ou ressentimentos que se traduzem em resistência radical a projetos e planos, sem que seus méritos sejam sequer examinados.

Quando as pessoas não se encontram no plano emocional, dificilmente se entendem no racional. É muito difícil um grupo ressentido tornar-se produtivo.

REFLEXÃO

A atitude beligerante do *eles* e *nós*, em que predomina o mais forte, ou a atitude tendenciosa do ganhar ou perder, contaminada pela má-fé ou, ainda, a atitude de desconfiança, na qual o medo de ser enganado leva a uma atitude intransigente, às vezes incontornável, mostram que a negociação está longe de ser um recurso mágico, ou uma meta, simplesmente. Negociação é um instrumento vital que pressupõe a prática regular de toda uma teoria de administração participativa. Não se negocia em momentos especiais, mas todo o tempo.

"Sou contra!" Posições radicais são alertas para que se pesquisem os motivos ocultos que levam à resistência. Em geral, são problemas emocionais que, diagnosticados, podem ser de fácil superação.

Criar as condições para que os sentimentos se aclarem é a primeira e mais importante preocupação num diálogo. O clima participativo, confiável, em que há tolerância, respeito às opiniões e a firme disposição em superar provocações, com atitudes de autenticidade e objetividade, é condição essencial para uma comunicação efetiva, pois é emocional.

Uma estratégia válida de negociação é, portanto, a de procurar fixar o interesse em torno de objetivos integradores, ou seja, aqueles aspectos que beneficiam a todos.

Procurar analisar o processo de discussão, identificar os motivos e buscar soluções criativas e aceitáveis para ambos os lados é o que caracteriza a conversação conciliadora.

A eficácia das negociações estaria, assim, ligada à identificação dos objetivos integradores, sendo função do líder ajudar o grupo a explicitá-lo. Desse modo, o exercício preliminar de uma negociação seria a definição extensiva dos objetivos integradores.

Todo processo de negociação implica concessões. Endurecer o comportamento destrói a possibilidade do entendimento harmônico e duradouro.

NEGOCIANDO...

Negociação e consenso

— "É muito difícil obter o consenso!"

— Esse é um expressivo argumento, como desafio para exercitá-lo logo!

Qualificamo-nos ao consenso estabelecendo-o como meta ao desenvolvimento pessoal e à integração e coesão de equipes. Para tanto, a negociação é imprescindível.

Viver é conviver com pessoas e situações diversas em permanente transformação.

Convivência implica conflitos, não necessariamente negativos.

Negociação é condição fundamental ao relacionamento harmonioso e a obtenção do acordo importa haver consenso — *concordância no essencial.*

Não há democracia sem a prática habitual do consenso.

Há um equívoco comum em confundi-lo com unanimidade que muitas vezes expressa *vontade coletiva imposta* pelo autoritarismo.

Uma coisa é o pensamento único, fruto da coerção ditatorial, e outra é a unidade de pensamento, originária do consenso como essência do humanismo democrático.

8.4 Acordo é aceitação

O acordo ocorre quando há convergência de interesses, quando, às divergências, desencontros e conflitos, sucedem-se pontos de discordância. A habilidade do negociador está em captar essas linhas de identificação, traduzindo-as em propostas e resoluções.

Chega-se ao acordo por meio de:

- *consenso*: há aceitação plena quanto ao essencial;
- *concessão*: cede-se até mesmo em itens essenciais, em função do máximo possível, nas circunstâncias;
- *omissão*: a indiferença, o medo e a não conscientização levam à aceitação passiva.

O exercício institucionalizado de reuniões é um dos instrumentos gerenciais de maior eficácia para promover a integração.

A reunião é, todavia, instrumental: pode ser bem ou mal utilizada. Pressupõe:

- *uma política de abertura*: o clima organizacional;
- *uma atitude gerencial*: procedimentos participativos;
- *uma metodologia adequada*: como dirigir e participar do trabalho em equipe e como delegar.

8.5 O acordo e a atitude gerencial na relação social

O conflito, sob uma perspectiva comportamental, pode manifestar-se por meio de atitudes de indiferença, apatia ou alienação, caracterizando-se como uma evasão psicológica, ou por meio de fugas administrativas, como absenteísmo, atrasos, greve branca, sabotagens, emigração, hostilidades e agressões.

De um modo geral, a gerência de conflitos opta por uma das seguintes alternativas:

- *ignora o conflito*, interpretando-o como pura indisciplina, passível de punição;
- *intervém com soluções decididas com antecedência*, envolvendo compromisso das partes;
- *procura abrandar o conflito*, por meio de protelações, jogando no tempo, na esperança de que ele se resolva sozinho; apela-se para o espírito de cooperação das partes em conflito;
- *usa a autoridade* como argumento para o restabelecimento da ordem necessária à produtividade;
- *estabelece o confronto* das ideias e situações originais do conflito, com a necessária abertura para exames, questionamentos e composições de interesses; nesta hipótese, há negociação.

Confrontação é um método clássico de solucionar conflitos, comumente denominado resolução de problemas. O termo "confrontação" vem adquirindo uma conotação negativa, traduzido por medição de forças, disputa frontal na base da verificação do mais forte. Essa situação seria a distorção do processo, que implica, tão somente, colocar frente a frente as partes litigiosas com a finalidade de dirimir dúvidas e tentar conciliar os pontos de vista, não acomodando, mas procurando resolver o problema. O método é particularmente eficaz quando as divergências são, por exemplo, de natureza semântica – a experiência diária mostra que um grande número de situações conflitivas é gerado por meros equívocos de interpretação vocabular.

Confrontação não significa medição de forças do tipo ganhar × perder. Confrontar é negociar abertamente. Seu êxito implica a maturidade das partes envolvidas.

Há três maneiras básicas de enfrentar um problema:

- *atacar a causa*: ação corretiva;
- *agir sobre os sintomas*: ação provisória;
- *conviver com o problema*: ação adaptativa.

Procurar ocultar o conflito, suprimi-lo ou contemporizá-lo com medidas burocráticas é alimentar as causas da insatisfação. A latência do problema fará que ele ressurja de mil maneiras, por intermédio de disfunções e antagonismos, mascarados em formas diversas.

O hábito salutar de procurar as causas, como orientação eficaz para as decisões, é trabalho próprio da ação educativa de liderança. Precisa ser exercida para que se torne uma prática normal.

Permitir o conflito de ideias é, de resto, ir tornando os envolvidos no processo menos passionais.

REFLEXÃO

O acordo, que é o objetivo do processo de negociação, surge em razão de uma relação de confiança que se desenvolve por meio do exercício bem-sucedido da conversação institucionalizada, o que não implica não construir uma trajetória sofrida. Vencer a desconfiança exige testemunhos de ação concreta, de lado a lado. Confiança gera confiança.

8.6 Por uma pedagogia da negociação

8.6.1 O ACORDO E A NEGOCIAÇÃO COMO APRENDIZAGEM PERMANENTE

Administrar conflitos significa transformá-los em forças construtivas. A força construtiva do conflito deriva de sua motivação e do clima existente nas organizações: se é uma diferença entre pessoas ou entre ideias, se o que move é a ambição individualista ou a saudável competição para superar padrões convencionais, se é um apego ao conservadorismo estéril ou a busca pela criatividade e pela inovação para o desenvolvimento.

O acordo legítimo, desejável, resulta da persuasão, de um trabalho honesto, em que se explicitem as vantagens, os benefícios e as contrapartidas, que podem configurar uma situação saudável de troca. O esforço de persuasão caracteriza uma situação de aprendizagem, em que se apresenta, em essência, a situação educador-educando.

A motivação é, assim, a matéria básica de interesse, sendo conveniente realçar alguns princípios elementares da teoria da aprendizagem que se aplicam perfeitamente à negociação:

- toda ação humana é dirigida por um motivo;
- todo problema de aprendizagem pode ser sintetizado no seguinte: o participante aprende somente quando motivado.

O conceito de motivo está intimamente ligado ao de necessidade, e esta expressa um estado de carência que predispõe o indivíduo a agir em determinado sentido, enquanto o motivo é o objetivo que satisfaz essa necessidade.

Sendo objetivos básicos individuais a sobrevivência e a segurança, dentre outros, é importante que se atente também, em uma situação de negociação, para os motivos sociais, que, numa perspectiva simples, podem ser:

Aceitação:

- necessidade de sentir-se pertencente a um grupo (pertinência);
- sentir que há um clima de compreensão, ajuda e incentivo (integração).

Aprovação:

- necessidade de se afirmar, de obter a admiração de colegas e de superiores (prestígio);
- sentir que está em desenvolvimento permanente (autorrealização).

As negociações resguardam as necessidades sociais de seus participantes?

Se há, entre os participantes, sentimento de rejeição, o ambiente sugere hostilidade, não há respeito mútuo e a sensação de que se está cumprindo uma missão digna, então as resistências serão incontroláveis e as soluções serão sempre de força. Assim:

- para a satisfação dos motivos sociais é fundamental: evitar atitudes e situações humilhantes, hostilidades, punições em público, preferências, ironias, agressões; deve-se elogiar as atitudes de cooperação e os trabalhos bem realizados;
- aceitação e aprovação representam, em síntese, as aspirações nobres dos seres humanos, como base para a autorrealização e o sentimento de felicidade;

- avulta, desse modo, o significado das relações interpessoais sadias para o bem-estar e a realização, o que predispõe a um clima de concordância e maior produtividade.

Na análise do processo de aprendizagem, é importante atentar para alguns princípios que se relacionam intimamente com uma situação de acordo: a continuidade, o reforço positivo, o reforço negativo e a falta de reforço. Vejamos cada uma delas.

Continuidade. Corresponde ao sentido motivacional do desafio em que o participante é chamado a intervir contínua e inteligentemente (com criatividade) no processo, tentando dirimir dificuldades.

Reforço positivo. Sempre que o participante, ao solucionar um problema ou apresentar uma sugestão válida, vê seu esforço reconhecido; há um reforço positivo: realizou-se uma aprendizagem. Isso significa que um acordo bem estruturado, em que as partes veem seus esforços alcançar sucesso e ser reconhecidos, é uma situação positiva de aprendizagem que, certamente, levará a atitudes favoráveis às novas negociações.

Para estimular o reforço positivo nas negociações recomenda-se:

- descobrir atos, durante o processo de conversação, que reforcem os sucessos individuais;
- comunicar aos integrantes do grupo os resultados referentes à participação;
- elogiar honestamente os bons desempenhos.

Há um princípio geral de reforço positivo que pode ser assim enunciado: só há aprendizagem – ou seja, só se aprende a negociar – quando os atos praticados são reforçados.

Reforço negativo. É uma situação de aprendizagem de alto significado na pedagogia da negociação. Ocorre quando há discordância quanto às soluções apresentadas pelo participante; torna-se o erro enfraquecido com a correção do ato executado.

Para que o esforço negativo cumpra sua função pedagógica, há necessidade de persuasão, aceitação e acordo, caso contrário, o que estará sendo reforçado é a frustração, e não o erro. Fica aí uma importante advertência aos negociadores.

Falta de reforço. É o clima característico de indiferença, de desmotivação, em que os participantes sentem que seus esforços não levam a lugar algum. A falta de reforço ocorre em situações às quais não há informação sobre os resultados dos esforços despendidos, não há objetividade na conversação ou nas propostas e não há confiabilidade.

De tudo isso, podemos inferir alguns pontos essenciais no manejo da aprendizagem, ou, se desejarmos, na condução do processo da negociação:

- o participante deve motivar-se para aprender (render);
- a aprendizagem só tem lugar com o reforço (aceitação, acordo).

Desse modo, a aprendizagem-negociação pode ser entendida como reação a uma situação, ou seja, esforço individual para a resolução de um problema, conhecimento do resultado desse esforço.

Esses princípios desdobram-se nas seguintes recomendações (*reação* e *atividade*):

- devem-se criar situações as quais os participantes estejam o tempo todo voltados para a atividade;
- é imprescindível que, para tanto, todos recebam os esclarecimentos necessários, antes, durante e após a conversação.

Outros aspectos importantes a considerar (*reação* e *seleção*): o participante seleciona os atos que o conduzem diretamente ao seu objetivo, o que acontece apenas por meio do reforço da aprendizagem.

Toda negociação implica uma aprendizagem que, se for mal conduzida e sua pedagogia for ignorada, levará a resultados negativos. Quem lidera não pode ignorar esses princípios.

8.6.2 TRANSFERÊNCIA DA APRENDIZAGEM E NEGOCIAÇÃO

Um aspecto importante no processo é a transferência de aprendizagem, relacionada à própria essência da aceitação e do acordo na negociação.

Para que a aprendizagem surta efeito (para que o acordo aconteça), é necessário que ela possa ser transferida para situações reais, ou seja, os problemas a serem resolvidos pelos participantes devem estar o mais próximo possível dos problemas da realidade em questão.

O grau de transferência da aprendizagem é proporcional ao grau de identidade entre as situações-problema em discussão e as situações-problema da realidade.

Quanto mais experiência em negociação e resolução de situações, maior a possibilidade de êxito no acordo; quanto mais o indivíduo se sentir capacitado a resolver problemas, maior será a possibilidade de transferência da aprendizagem, ou seja, maior será sua competência em negociar com eficácia.

8.6.3 O CARÁTER GLOBAL DA APRENDIZAGEM E A NEGOCIAÇÃO

É muito importante para a compreensão do processo pedagógico da negociação o caráter global da aprendizagem, que se realiza com mais facilidade, além de render mais, quando o geral é apresentado para posterior análise de suas particularidades. Desse modo, o participante pode estabelecer o maior número possível de relações.

Por exemplo, o segredo do fracasso de uma negociação pode ser explicado, muitas vezes, pela discussão crua de uma reivindicação salarial, sem que tenha havido, inicialmente, sua exposição em termos de macroanálise da conjuntura.

Dentro de uma perspectiva global, três aspectos metodológicos devem ser considerados:

- *expansão*: oferecer ao participante o maior campo possível de ação (observação, pesquisa, análise, sugestões);
- *diferenciação*: possibilitar ao participante descobrir os aspectos relacionados ao proposto (do mais simples ao mais complexo);
- *integração*: resumir o que foi analisado e relacioná-lo com o todo.

Assim, o êxito de uma negociação não está exclusivamente no aqui e agora, mas em toda uma tradição de relacionamento e no esforço e investimento na aprendizagem.

A pedagogia da negociação implica sistematizar práticas de conversação, proporcionar encontros no trabalho para estudo e lazer, organizar programas de troca de ideias e sugestões, criar associações e clubes de funcionários, comitês de consultas e decisão, propiciar entrevistas, promover conversações periódicas, manter uma imprensa empresarial, realizar comemorações e um sem-número de outras iniciativas, visando à integração socioprofissional e ao congraçamento efetivo.

REFLEXÃO

Paradoxos no processo de negociação:

- Negociação sem conversação.
- Conversação sem negociação.

Ambos constituem distorções que comprometem a eficácia do acordo. No primeiro caso, o traço predominante é o perfil autoritário de uma das partes, que entra no processo com "cartas marcadas" – situação em que, a rigor, todos tendem a perder, pois não há reciprocidade.

> Um bom exemplo é a venda, sem o pós venda – a realização da venda sob pressão e sem acompanhamento.
>
> De outro lado, quando o encontro surge num contesto improvisado, sem estratégia e marcantemente informal, as partes perdem a objetividade, com o predomínio da emoção sobre a razão. Situação que expõe as partes ao risco de decepções e de todos perderem.
>
> Conversação e negociação são partes indissolúveis no processo, imprescindíveis na criação do ambiente sócio-afetivo motivador e da argumentação estratégica para prevenir acordos mutuamente satisfatórios.

O acordo, portanto, não é uma meta aleatória nem fruto de racionalizações, muito menos obra do acaso, mas algo muito lógico, natural e gratuito que se deixa acontecer. O acordo demanda preparação, argumentação e superação de objeções; o acordo, portanto, envolve liderança, planejamento, organização, avaliação de resultados; solicita uma estratégia que justifique, integre e dê produtividade às inúmeras táticas aplicáveis ao processo de negociação.

8.7 Negociar: um processo educativo de liderança

8.7.1 O NEGOCIADOR COMO EDUCADOR

O compromisso de negociar como líder é o de motivar o crescimento do grupo por meio do autodesenvolvimento individual. Sua missão essencial é a de educador, pois a negociação implica uma situação de educação permanente. Os instrumentos utilizados pelo líder-negociador são os recursos típicos do processo de aprendizagem.

Assim, o liderado realiza melhor suas funções quando:

- sua motivação é conveniente;
- o negociador inspira-lhe confiança;
- sua participação realiza-se de maneira integral;
  - o negociador fornece orientação direta e não somente por meio de instrução escrita;
  - o conteúdo e a qualidade da orientação são ajustados à capacidade do participante;

- o que lhe foi comunicado é exercitado; sem exercícios não há aprendizagem; é preciso haver aplicação para atingir o participante em todos os seus sentidos;
- o negociador procura os demais participantes na negociação e não espera que eles o façam;
- ele tem oportunidade de comprovar a validade da orientação em relação à satisfação de alguma necessidade. Sempre que o negociador enfatizar a orientação prática, mostrando aos participantes as regras na resolução de problemas, todos estarão motivados;
- o negociador preocupa-se em empregar técnicas adequadas e fatos, em vez de palavras bonitas e vazias. Quando o negociador se preocupa em falar bonito, ele está satisfazendo a si mesmo. Se não há participação, não há aprendizagem, que é um fenômeno individual; portanto, deve-se substituir o verbalismo pela atividade;
- o negociador proporciona condições para que o participante adquira pouco a pouco autossuficiência, evitando que ele se torne tecnicamente preso ao seu domínio;
- o negociador aproveita a experiência pessoal do participante, portanto, deve fazer que ele pense, aja e descubra por si mesmo, sempre que possível;
- o negociador promove o espírito de cooperação e alivia a competição negativa entre os membros do grupo;
- o negociador promove permanentemente verificações para evitar que se realizem acordos (aprendizagens) deficientes.

8.7.2 A INTEGRAÇÃO DE MEDIADORES NO PROCESSO DE NEGOCIAÇÃO

Em toda organização social há momentos em que as situações conflitivas reclamam a intervenção de mediadores. São ocasiões nas quais as partes estão de tal modo comprometidas emocionalmente com os problemas que se estabelece o impasse e o diálogo torna-se quase inviável.

"Despassionalizar" o ambiente é a providência indicada, ou seja, centrar-se nos objetivos integradores, nas referências tangíveis, nas metas da equipe (enquanto a apresentação de fatos, em geral, aproxima as pessoas, a confrontação, no nível das crenças e dos valores, tende a acentuar as diferenças e ampliar a margem de conflitos). Nesse caso, a presença de um facilitador-mediador, de alguém capaz de mobilizar as atenções para satisfações mútuas é fundamental.

8.7.3 HABILIDADES DO MEDIADOR

Para obter êxito em sua missão, o mediador precisa reunir características pessoais e dominar habilidades específicas (veja a Tabela 8.1).

TABELA 8.1 Habilidades e características do bom mediador

Coerência e sinceridade	Uma postura confiável do mediador é condição para desviar as atitudes das manifestações hostis para a compreensão dos objetivos comuns. Em situações em que a confrontação das partes gera um impasse e os problemas técnicos, à primeira vista, parecem insuperáveis, o mediador tem como função básica ganhar confiança e respeitabilidade, consequências de um comportamento de franqueza e sinceridade. Ser coerente com o que diz e faz e ser simpático no dizer e no fazer criam as condições necessárias para a compreensão e a amizade.
Senso de humor	O clima pesado, tenso e instável é o ambiente propício para a não negociação, predispondo situações de resistência e agressividade. O mediador, tendo a simpatia como força, utiliza o senso de humor como instrumento para o alívio das tensões. Saber rir, cultivar o gosto de uma boa anedota, confraternizar são atitudes que facilitam a integração e a concordância.
Empatia	O mediador deve ter condições de se posicionar dentro da perspectiva do outro, sentindo e compreendendo sua postura, seus anseios e dificuldades. Essa qualidade é fundamental e pode ser exercida de acordo com o querer e o preocupar-se em observar, além das reações muitas vezes passionais, as motivações profundas, o tipo de existência que justificam tais atitudes. A falta de identificação e de compreensão dos problemas alheios é causa frequente de desentendimento. Como esperar que pessoas com uma vivência específica, com outras oportunidades, outra educação, outros hábitos e outras preocupações reajam de acordo com uma expectativa pessoal nossa, padronizada, preconcebida? Parece absurdo ao ser formulado, mas é o que acontece a todo momento.

continua

continuação

Humildade	O antimediador é aquele que entra no jogo da negociação como o dono da verdade, posicionando-se como aquele que veio como salvador, para dar a palavra definitiva. Ele não induz as partes a participar na construção do acordo, mas procura ditar procedimentos. Nada mais contraproducente. O mediador tem por missão ajudar; logo, a atitude esperada é a de *apoiador*, de quem atua como *facilitador* do processo de conversação e acordo. Humildade é grandeza de espírito; recua-se para que floresçam e se expandam as qualidades das partes envolvidas. Nisso reside o segredo do sucesso do mediador: a fórmula sábia e insofismável de São Francisco de Assis: *é dando que se recebe*.
Flexibilidade	É comum utilizar-se a expressão "jogo de cintura" para caracterizar o atributo político exigido em qualquer boa negociação, o que significa ser flexível, tolerante, capaz de ceder, quando necessário, disposto a discutir e rever seus pontos de vista. Aceitar não é perder, como muitos, por intransigência e rigidez, acreditam. Pensam, equivocadamente, que qualquer concessão representa fraqueza, perda ou derrota, lançando-se à luta para ganhar a ferro e fogo. Com essa atitude beligerante não há como negociar. É inaceitável admitir a existência de mediadores inflexíveis; todavia, paradoxalmente, eles existem. São todos aqueles que entram numa transação com o propósito de conciliar interesses... mas os seus interesses, de tal modo, estão comprometidos com ideias e juízos preconcebidos. Mediação tendenciosa e intransigente é antinegociação.
Imaginação criativa	A versatilidade, a presença de espírito e o talento em estimular a reflexão e o debate cooperativo revelam a habilidade política do negociador, caracterizada pela conversação criativa. Nada pior do que a monotonia provocada pelo mesmismo das situações, atitudes e argumentos – a invariabilidade da estimulação – para provocar a apatia, o desinteresse, o fato consumado pela inércia e pelo cansaço. Saber ouvir não é simplesmente calar-se. É uma arte tão ou mais difícil e importante quanto saber falar. Consiste em acompanhar o pensamento e procurar entender o ponto de vista alheio, o que exige atenção e reflexão, interrompendo com intervenções oportunas e objetivas.

continua

continuação

<table>
<tr><td>Lealdade</td><td>
Quando propusemos ao Ministro do Trabalho, Murillo Macêdo, a estrutura deste livro, então em fase de elaboração, este indagou-nos prontamente: "Você enfatizou a lealdade?", demonstrando com isso sua crença, fruto de uma rica experiência em negociar até a exaustão. Evidentemente, sem lealdade entre as partes, qualquer negociação resulta infrutífera, por mais que à primeira vista dê a impressão imediata de ganho.
À mesma conclusão chega Alencar Rossi, lastreado em sua experiência pessoal de várias dezenas de negociações, primeiro como dirigente sindical e depois como secretário das Relações do Trabalho, na gestão de Murillo Macêdo ao estabelecer as bases para uma negociação do tipo integrativa. Segundo Rossi, isso acontecerá quando:
<ul>
<li>o outro lado estiver cooperativamente motivado e confiante;</li>
<li>ambos os lados tiverem mantido integração frequente;</li>
<li>os negociadores-chefe tiverem barganhado anteriormente entre si;</li>
<li>as equipes de barganha forem dimensionadas de forma razoável;</li>
<li>ambos os lados se expressarem clara e especificamente;</li>
<li>ambos os lados tiverem confiança, enquanto discutem as causas de um problema e as soluções alternativas;</li>
<li>as informações necessárias estiverem disponíveis;</li>
<li>os negociadores sentirem-se livres de pressões do próprio grupo;</li>
<li>ambos os lados estiverem cientes das futuras barganhas;</li>
<li>bastante tempo tiver sido dedicado às discussões.</li>
</ul>
O mediador deve ser leal ao tratar com a lealdade das partes envolvidas, ou seja, deve manter uma postura que inspire confiança e serenidade e, dessa forma, bloqueando e desestimulando qualquer intenção desleal nas negociações.
</td></tr>
</table>

8.8 Atitudes típicas nos processos de conversação e a atuação do mediador

Certos comportamentos perturbadores em reuniões são muito comuns, embora paradoxalmente verifique-se um despreparo generalizado no reconhecimento deles e na estratégia adequada para tratá-los. Tais tipos de comportamento estão invariavelmente presentes em todos os encontros de negociações, com intensidade variada, mas sempre de maneira perturbadora, ameaçando a fluência do processo e a qualidade dos acordos.

A tipologia descrita por Coqueret (1963), no livro *Comment diriger une réunion*, é uma referência bem expressiva para ilustrar a matéria, que procuramos adaptar ao que denominamos *tipos perturbadores* e *tipos colaboradores* (veja a Tabela 8.2).

TABELA 8.2 Tipos perturbadores e tipos colaboradores

Tipos de perturbadores:

EXEMPLO	ATUAÇÃO	ATITUDE DO MEDIADOR
Perguntador insistente	Procura confundir por meio de perguntas constantes. Deseja aprovação para suas opiniões.	Reverter a pergunta para o grupo. Manter-se neutro.
Arrogante	É exibicionista. É dogmático, deseja impor suas ideias. (Às vezes, é bem informado, mas em geral está convencido de que sabe tudo.)	Atribuir-lhe um encargo. Evitar que domine o grupo. Induzir o grupo a tratar de suas objeções. Propor questões difíceis para limitar sua atuação.
Falante	Fala sem parar (quase sempre sobre assuntos aleatórios). Cansa e irrita.	Interrompê-lo com delicadeza. Chamá-lo à objetividade por meio de perguntas diretas sobre a matéria em discussão.

continua

continuação

Opositor	É contra, em princípio. Pode ser bem-intencionado; muitas vezes suas manifestações traduzem descontrole emocional e frustração.	Tranquilizá-lo. Evitar que o grupo se contamine. Procurar desviar-se do assunto, caso este seja irrelevante. Atribuir méritos a alguma de suas observações.
Mudo sistemático	Mostra-se desinteressado. Posiciona-se acima das questões em debate. Julga-se incapaz por considerar as questões elevadas.	Buscar sua participação em assunto que domine. Dar destaque na primeira vez que se pronunciar.
Tímido	Não tem coragem ou habilidade para expressar ideias. Teme críticas e julgamentos. Necessita de ajuda.	Formular perguntas acessíveis. Levar o grupo a valorizar sua participação.
Pedante	Apresenta atitude de superioridade. Não se integra. Critica duramente.	Procurar não ferir sua susceptibilidade. Não criticá-lo. Usar a técnica: "sim... mas...". Concordar, ponderando para que reflita.
Aparteador	Mostra-se dispersivo. Aparteia constantemente, desviando o assunto.	Usar perguntas diretas para fixar o assunto em discussão.
Obstinado (ideia fixa)	Ignora sistematicamente as ideias alheias. Não cede. Nada quer aprender.	Reverter suas objeções para o grupo. Pedir para aceitar, por um instante, o ponto de vista do grupo.
Introvertido	É modesto. É prudente e reservado.	Procurar integrá-lo ao grupo lentamente, sem que perceba.

Tipos de colaboradores:

EXEMPLO	ATUAÇÃO	ATITUDE DO MEDIADOR
Cooperador	Pronto a ajudar. Mostra-se seguro de si. Não foge às dificuldades, enfrentando-as com senso esportivo. Aceita as pessoas como são. Recebe críticas sem susceptibilidades.	Usá-lo em momentos oportunos para resolver problemas difíceis. Não exagerar sua participação.
Aberto	Manifesta espontaneamente sua opinião. Diz o que pensa. É bem-humorado. Fala com simplicidade. Torna-se simpático a todos.	Procurar usá-lo quando houver tensão no grupo.

8.9 A reunião como instrumento para o acordo

8.9.1 FATORES DE SUCESSO NA CONVERSAÇÃO

São muitos os fatores que influem no sucesso ou no fracasso de uma reunião. Tudo deve ser levado em conta, pois às vezes um pequeno detalhe (falta de café, por exemplo) pode gerar insatisfação e predispor nos participantes uma reação negativa. Contudo, o mais importante é o comportamento do dirigente e dos participantes.

O sucesso da reunião estará garantido se o negociador for um líder autêntico, isto é, agir igualmente como intérprete e orientador de seu grupo. Seu conhecimento possibilita que ele não force as tendências e não torça ou distorça resultados. Conhecendo bem o assunto, ele lança mão de recursos eficientes e de técnicas de liderança, preparando o começo e o término da reunião.

Os participantes contribuem decisivamente para o sucesso da reunião, na proporção de sua motivação, homogeneidade de grupo e participação nos debates.

8.9.2 FATORES DE FRACASSO NA CONVERSAÇÃO

Embora sejam muitos os fatores que levem ao fracasso de uma reunião, os principais podem ser gerados, também, pelo dirigente ou pelos participantes. Autocracia, formalismo, exibicionismo, inexperiência e descontrole emocional são os defeitos mais frequentes que levam o dirigente a fazer que a reunião fracasse.

Descrença, desconhecimento dos assuntos ou dos objetivos da reunião, oposicionismo sistemático, desconfiança e heterogeneidade são fatores ligados aos participantes que concorrem para o fracasso da reunião. Algumas pessoas conseguem perturbar um ambiente apenas com sua presença. São tipos negativos, como o colérico, o pessimista, o irônico, o verborrágico, o opositor sistemático, o irrequieto e o indiferente, entre outros.

Situações especiais podem concorrer tanto para resultar no fracasso como no sucesso da reunião, conforme as circunstâncias: local confortável ou não, casos de promoções, horário adequado ou não etc.

Algumas causas frequentes de fracassos das reuniões:

- o grupo mantém-se calado;
- a presença de um participante opiniático, cujas constantes interferências dificultam a evolução da reunião;
- oposição sistemática do grupo ao dirigente;
- grupo superagitado, forçando o circuito aberto permanente;
- a reunião é desviada de seus objetivos;
- o grupo está com o pensamento voltado para assuntos alheios à reunião;
- participantes ressentidos que aproveitam a reunião para chorar suas mágoas;
- proposição de assuntos delicados para discussão;
- formação de pequenos grupos à margem da reunião;
- o grupo reage friamente, por se julgar desprestigiado com a convocação.

8.9.3 RECOMENDAÇÕES PARA SUPERAR DIFICULDADES NA CONVERSAÇÃO

Há medidas específicas para cada situação. As principais recomendações aos dirigentes são as seguintes:

- regra geral que se aplica a qualquer situação: o dirigente jamais deve perder a calma, mesmo que todos os outros percam a cabeça;

- fazer uso de perguntas, variar métodos e recursos audiovisuais para chamar a atenção e provocar a participação;
- procurar isolar todo e qualquer elemento que perturbe o ritmo da reunião; esgotar todos os recursos para recuperá-lo, entrevistá-lo fora da reunião, conquistar a solidariedade do grupo; num grupo em que haja maioria coesa, pode-se entregar o elemento à sorte do grupo, que espontaneamente reagirá a intromissões indevidas;
- se o ambiente estiver sufocante, o dirigente deverá procurar conhecer as causas do descontentamento; lançar mão de perguntas gerais, demonstrar cordialidade, ser franco e criar oportunidades;
- evitar tratar de assuntos delicados; fechar o circuito, usar perguntas diretas.

Em reuniões com grande número de pessoas, quando o tumulto se generaliza, o dirigente precisa ser enérgico. Ele deve se levantar, usar a campanhia e, se perceber a total impossibilidade de controle, o recurso extremo será a interrupção provisória da reunião.

8.9.4 UM ACORDO "FAZ DE CONTA"

A fábula a seguir ilustra muito bem uma situação de faz de conta.

A onça, ao encontrar uma casa aparentemente abandonada, resolveu ocupá-la. Como a casa estava suja e desarrumada, fez uma limpeza geral. Depois de descansar, saiu para a caça.

Chegou, então, a raposa e, ao ver a casa toda ajeitada, ficou surpresa, porém, não se preocupou muito, usando a casa com o mesmo desleixo de antes. Depois de algum tempo, a raposa partiu para a caça.

Ao chegar, a onça irritou-se com a sujeira, arrumou novamente a casa e... Os dias foram se sucedendo até que ocorreu o inevitável: a confrontação. Onça e raposa discutiram ferozmente acerca de seus direitos sobre a casa. Depois de muita briga, prestes à guerra total, acertaram um acordo; continuariam a coabitar a casa em horários distintos, que não se encontrassem, senão...

Um dia se defrontaram e, ao se olharem com rancor, experimentaram um pânico tão grande que, irracionalmente, fugiram em direções opostas, abandonando a casa, para sempre...

A casa, nesta ilustração, pode ser a empresa, a galinha dos ovos de ouro, cada qual a vendo como mero objeto de exploração egoísta.

NEGOCIANDO...

Perde tudo quem não sabe o que quer. Isso vale tanto na vida, quanto na negociação.

Dois fazendeiros caminhavam à procura do templo da felicidade em alguma gruta, em algum lugar, onde estaria guardado o livro do destino, no qual poderiam reescrever seus futuros.

Lançaram-se à aventura na expectativa de que a simples caminhada já seria melhor que a realidade em que todos viviam.

Seus empreendimentos estavam falidos pelo longo período de estiagem, dívidas estavam acumuladas, havia recessão e falta de crédito.

As motivações dos caminhantes eram, no entanto, diferentes. Enquanto um deles vivia o sonho da descoberta, esperando o livro mágico para mudar sua sorte, o outro, cheio de frustração e ressentimento, queria a desforra sobre seus empedernidos credores.

Depois de muitas peripécias e contrariedades, encontraram finalmente a caverna milagrosa, e lá estava o livro da vida. Havia uma limitação: cada pessoa teria apenas um minuto para registrar o que quisesse, e terminado o tempo, o livro se fecharia definitivamente.

O primeiro empresário verificou ao chegar perto do livro que ele estava aberto em sua página e, sem querer ver o que estava escrito, foi acrescentando os seus pedidos: queria sua fazenda reconstruída, os prados verdejantes, as vaquinhas revigoradas, dinheiro, muito dinheiro e, vencido o prazo, sob forte impacto o livro fechou-se.

O segundo, aflito em descarregar suas mágoas, desejou que seus desafetos e credores fossem sacrificados, que seu vizinho, com o qual se indispusera por questões de limites de propriedade, perdesse tudo, até que seu tempo se esgotou, sem oportunidade para qualquer conquista positiva.

Voltaram ansiosos pelos resultados. O revoltado constatou o quadro dantesco que havia arquitetado: o banco e os comerciantes faliram, o agiota que havia protestado seus títulos suicidou-se, seu vizinho entregou a propriedade para saldar as dívidas, sua fazenda estava uma desolação. Conclusão: além de não melhorar sua situação, piorou tudo ainda mais.

O segundo empresário, percebendo que os pedidos do colega foram atendidos, correu para ver o estado de suas posses, maravilhando-se com os resultados: vaquinhas gordas, prados verdejantes e a velha casa transformada em esplendorosa mansão.

A emoção foi demais, não resistiu a um colapso fulminante. Escreveu tudo o que queria, mas esqueceu-se do essencial: a longevidade para poder usufruir e administrar todos os seus bens.

Na ânsia de querer, muitos perdem o sentido do essencial. Vive a fantasia ou ambição miúda, o sentimento negativo, a ânsia tresloucada sem a objetividade construtiva e duradoura. O momento fugidio que não resiste ao desafio futuro. A mesa de negociação está repleta desses desvarios: incompetência em sonhar positivamente e realizar com objetividade.

TREINAMENTO DE NEGOCIAÇÃO

EXPERIMENTO 9 | Aprender a negociar: análise do poema *Alma da empresa*

Objetivo

Identificar e desenvolver as seguintes habilidades do gerente-negociador: percepção subjetiva, reflexão e ação proativa.

Abordagem introdutória

Alma da Empresa é um poema que traz em seu simbolismo o quadro dramático do pensamento e da ação do homem contemporâneo, seja político, administrador ou o cidadão comum diante de uma realidade de ilusório poder que a ciência, o marketing e a tecnologia, mal assimiladas, lhe conferem, estimulando o individualismo e inibindo a negociação.

Pode ser retrato da moderna "síndrome do executivo". Procure, pois, analisá-lo como um exercício útil à compreensão do que se passa em "seu pequeno mundo de trabalho", sua empresa, seu setor, sua gerência, sua equipe.

Sequência

1. Leia o poema, refletindo sobre suas mensagens.
2. Pense no eterno dilema espírito/matéria, fé/ciência, humanismo/tecnologia, visão proativa /imediatismo, gerente/executivo.
3. Examine as situações de trabalho quanto à qualidade de vida, em todos os seus aspectos.
4. Reflita em termos da empresa como um todo e no seu setor em particular: *quando* e de *que modo* estamos agindo em círculo fechado, no *aqui e agora, reativos*, voltados para realidades do passado, em detrimento da visão do futuro. Como perceber as oportunidades presentes e as perspectivas mais amplas que uma consistente análise crítica e prospectiva pode ensejar.
5. Sugira meios para superar uma mentalidade burocrática, estática, estratificada e alcançar uma *visão de* administrador consciente de que o presente é o passo para o futuro imediato e de que uma realidade de futuro constrói-se pela combinação de inúmeros elementos e habilidades, entre as quais destacamos:
   - *habilidades perceptivas*: enxergar o que está acontecendo;
   - *habilidades reflexivas*: aprofundar-se na análise do que está e do que vai acontecer.
   - *habilidades proativas*: viver plenamente o acontecimento, como antevisão de suas perspectivas futuras.
6. Finalmente:
   - descreva, sucintamente, um caso-problema ocorrido em sua empresa ou em seu setor de trabalho que envolva perdas e o não aproveitamento de oportunidades;

- procure diagnosticar as causas e de que modo elas estão correlacionadas com falhas no processo de negociação no trabalho (relacionamento gerência/subordinados/clientes);
- procure identificar, no caso, as falhas principais quanto às habilidades relacionadas adiante;
- faça uma lista de providências indicadas para corrigir a situação crítica e proponha uma estratégia preventiva na linha da negociação, envolvendo o desenvolvimento das habilidades perceptivas, reflexas e prospectivas.

E9.1 Habilidades e falhas

Habilidades perceptivas

Falhas: erros cometidos pela falta de consciência da dimensão dos acontecimentos, tendências e alcance da responsabilidade em agir com senso de oportunidade.

Habilidades reflexivas

Falhas: erros por falta de reflexão sobre o acontecido, falta de estudos, discussão, análise de grupo etc.

Habilidades proativas

Falhas: erros quanto à falta de perspectiva sobre as consequências futuras, tanto positivas como negativas.

E9.2 Poema alma da empresa

Alma da empresa

Que adianta a empresa
ganhar o mundo
se vier a perder
sua alma?

Mas, onde está
a alma da empresa?

A alma da empresa
está nas pessoas!
São elas que dão vida à organização.

Mas eu as vi na competitividade,
destruindo e se destruindo.

A alma da empresa
está no mercado!
Sem clientes não há continuidade.

Mas eu vi que o mercado
é uma guerra
onde o que vale
é o impiedoso jogo ganhar/perder.

A alma da empresa
está na tecnologia!
É o desejo permanente
de inovação.
Mas eu a vi levando à exclusão
multidões de desempregados.

A alma da empresa
está na organização!
É ela que multiplica
o esforço humano em realizações.

Mas eu vi o homem escravizado e
aniquilado pela rotinização,
pelas regras e pelo autoritarismo.

A alma da empresa
está no produto e nos serviços!
É por aí que há garantia de qualidade.
Mas eu vi em tudo isso o lucro,
obsessivo e ganancioso,
concentrando riquezas e excluindo.

A alma da empresa
está na informação e no conhecimento!
Através deles quebram-se paradigmas,
surgem a inovação,
a economia virtual,
a globalização.

Mas eu vi esses meios maravilhosos,
ao serem transformados em fins,
e sem a ética,
limitarem a visão e inibirem
o pensamento.

A alma da empresa
está na missão!
São os valores que sustentam seu futuro.
Mas eu vi que a cultura competitiva
desenvolve crenças e condicionamentos
desintegradores e predatórios.

A alma da empresa
está na responsabilidade social!
É o bem comum que valida
o desempenho lucrativo.

Mas eu vi o discurso
limitar-se a ações
para encobrir a culpa.

Então,
a empresa não tem alma?

Tem!
Sem alma não há vida!

Mas
eu vi a alma
lá no porão,
no inconsciente da empresa,
à espera da luz
vivificadora,
que irá renovar:

pessoas,
mercado,
tecnologia,
organização,
produtos e serviços,
informação e conhecimento,
missão,
responsabilidade social.

Essa luz,
que está no coração
do homem,
precisa ser resgatada,
fortalecida,
ampliada e
convertida
em consciência humana.
É aí
que reside
a Alma da Empresa.

Colossos empresariais ruíram, ao longo da história, simplesmente porque foram incapazes de tomarem consciência de que possuem uma alma, a ser preservada e desenvolvida.

O líder com alma transcende a materialidade das coisas.

Esses pontos são essenciais ao pensar a pedagogia da negociação: impossível negociar sem fundamentação, sem a qual não há estratégia consistente.

E9.3 Reflexões como subsídios para a análise

Entrar na negociação com o espírito vencer/vencer gera, frequentemente, perplexidade e impasse nas negociações, com a sensação devastadora de que não há saída.

A ciência, sem uma filosofia de valorização humana, acaba produzindo resultados contrários.

A *tecnologia* endeusada não responde, por falhas humanas. A técnica, na ânsia do ganhar × perder conduz à postura de "dono da verdade". A ambição sem ideal, sem amor, leva ao extermínio.

Nenhuma negociação resiste ao egocentrismo, ao individualismo, à competição predatória.

Todos perdem numa negociação do tipo ganhar × perder. Reiniciar, renovar e reconstruir é a eterna missão do homem em desenvolvimento permanente – nisso apoia-se o mérito da negociação ganhar/ganhar.

A negociação eficaz, portanto, é o resultado de um contínuo investimento educacional.

Aprender a aprender negociar realiza-se pela implementação de princípios, técnicas e práticas contínuas de conversação reflexiva nas organizações.

9 Quinto passo: o reforço

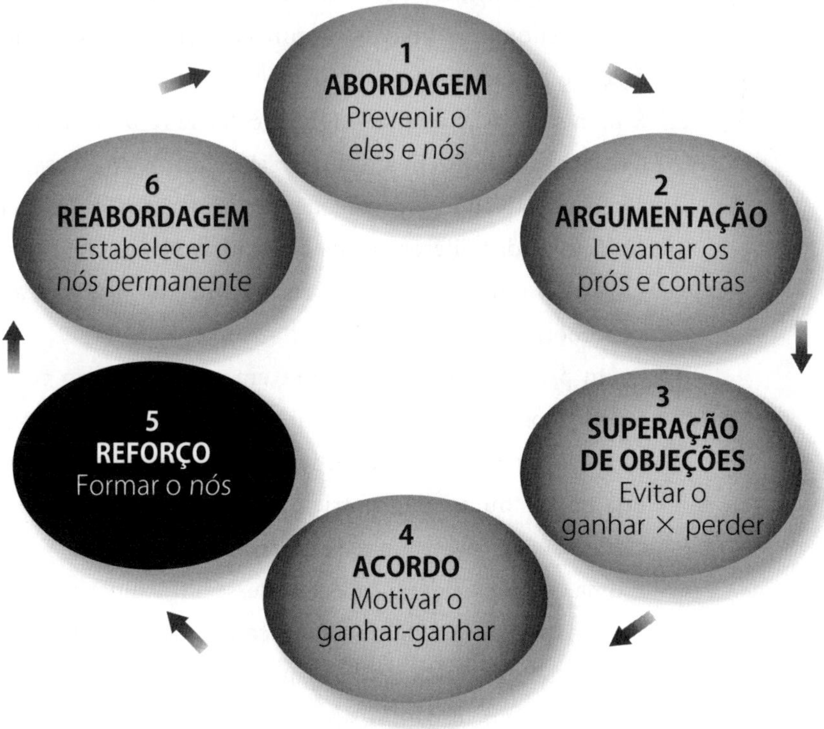

9.1 A Integraçao desejável: "nós"

Se a situação *ou tudo ou nada* significa a radicalização do conflito, a situação *nós* expressa o acordo, com a necessária harmonização de interesses (Quadro 9.1).

Nós é a essência da existência grupal, que só sobrevive com integração e objetivos comuns. Não há grupo sólido e permanente com baixo nível de integração e alta incidência de conflitos.

Buscar a concordância em termos de metas convergentes é, em síntese, o propósito constante da negociação para a sobrevivência e a expansão, cuja objetivação se dá na realização de acordos mutuamente interessantes e na conscientização do *nós*.

"Nós", e não *"eles"* e "nós", ganhar-ganhar e não ganhar × perder, eis a situação-diretriz de negociações saudáveis.

QUADRO 9.1 A harmonização de interesses

Nós	1. Implica integração, cooperação, disposição de espírito para compreender, negociar, caminhar junto. Não pode existir enquanto houver dominação, manipulação, autocracia e paternalismo. 2. É uma realização adulta; o lobo e o cordeiro ou o elefante e a formiguinha podem até conversar de forma amistosa, mas só se constituirão em *nós* quando, superados os aspectos conflitivos das diferenças, estas resultarem em complementaridade, numa relação reciprocamente gratificante e enriquecedora. 3. É um processo desmassificante em que todos são competentes, pois cada um contribui com sua experiência e seu conhecimento. O grupo satisfaz necessidades fundamentais do ser humano: a participação, o sentido de valorização pessoal, o prestígio e a autorrealização. 4. É uma escola de liderança. Aprende-se a trabalhar em grupo trabalhando em grupo. A liderança nos grupos informais é circulante, passa de membro para membro de acordo com a competência de cada um, ante situações específicas. A força do líder é a capacidade de obter cooperação. 5. Significa haver consciência grupal, integração e interação, ou seja, papéis definidos, objetivos comuns e liderança (ação mútua em todas as direções). 6. É reciprocidade, sem a qual prevalece a contiguidade (a massificação). A própria relação familiar sem reciprocidade –, em que predomina a rígida configuração de papéis: o homem

continua

continuação

autoritário, paternalista e provedor dos bens; a mulher submissa, dependente e passiva e a criança débil, insegura, "coisificada" – é uma situação de contiguidade. O mesmo ocorre nas situações de trabalho e em todas as circunstâncias nas quais pessoas se relacionam formalmente, sem identificação de motivações, interesses e atividades. Trabalhar junto não significa, necessariamente, trabalhar em grupo.

7. Considera a conjunção de três forças:
   - a pessoa, por meio de seus conhecimentos e experiências (competência técnica e humana);
   - a equipe, *pela coesão e cooperação (competência social);*
   - a tarefa, mais bem desenvolvida e com melhores padrões de eficiência e resultados (competência operacional).
8. É a expressão de um grupo amadurecido, operante, com vocação para o crescimento. Homens em desenvolvimento num grupo em desenvolvimento.
9. É clima cultural aberto, em que o patrimônio de conhecimentos e experiências é um bem comum, para o qual todos contribuem e do qual todos se beneficiam. É dessa dinâmica enriquecedora que se forma a cultura de um grupo, muito mais resultante da ambiência interna e de influências externas aculturadas (percebidas e processadas) do que das atividades meramente acadêmicas. É um complexo de forças: as individuais (positivas e negativas), as geradas das reações mútuas entre os membros e entre o grupo como um todo, acrescidas das pressões provenientes das variáveis externas.
10. É aceitação da validade do grupo como fonte de satisfação de necessidades. A atração que o grupo exerce e seu poder aglutinador decorrem do potencial em atender aspirações individuais. Essa é a condição básica da eficácia de um grupo. O prestígio do grupo traduz-se no orgulho e na alegria em pertencer, participar e decidir. O motivo pelo qual muitos desertam de um grupo é por sentirem seu esvaziamento em satisfazer motivações.

continua

continuação

	11. É, basicamente, segurança. A intranquilidade, as inquietações e inseguranças de uma sociedade em mudança levam à valorização do grupo como um ambiente de proteção e defesa. Como as mudanças ameaçam, surge a necessidade de organização, na busca de soluções integrativas.
	12. Na empresa, é o resultado de uma administração participativa. À medida que as organizações se tornam mais complexas, exigindo conhecimentos e experiências polivalentes (marketing, cibernética, pesquisa operacional, matemática avançada etc.), o relacionamento tradicionalmente vertical (que gera áreas de dominação — as divisões em ilhas organizacionais) e o formalismo nas comunicações, que obstrui e desvitaliza o intercâmbio interpessoal, se transformam em direção horizontal e sistêmica (interdisciplinaridade e dinâmica de grupo), em que a participação e a corresponsabilidade são estimuladas ao máximo.
Nós sentimos, nós acreditamos, nós realizamos	Exprimem uma realidade de relacionamento, de coesão, que caracteriza o espírito grupal, um novo ente social superior (a totalidade tem qualidades que as partes não possuem).

REFLEXÃO

A má-negociação e o mau acordo são prejudiciais a todos. Esta verdade, pouco reconhecida, é responsável por muitos desastres sociais. Sabotagem, greves predatórias, conflitos destrutivos de toda ordem e improdutividade são respostas a ressentimentos e insatisfações não confessadas, mas manifestas em reações negativas.

9.1.1 NECESSIDADES INTERPESSOAIS

Segundo o psicólogo W. C. Schutz, a participação em um grupo envolve três necessidades interpessoais básicas:

- *inclusão*: necessidade de ser incluído, de pertencer, de merecer consideração, atrair atenção e interesse.
  - As dificuldades apresentadas pelos participantes estão, em geral, na linha da marginalização e no medo de não serem aceitos.
- *controle*: processo de tomada de decisão entre pessoas; relação de poder, influência e autoridade.
  - Em uma discussão, enquanto o participante está motivado para a *inclusão*, quem se lança à vitória procura a satisfação no *controle*.
- *afeição*: sentimentos emocionais íntimos entre duas pessoas; amor e ódio.
  - É, assim, uma relação dual em vez da *inclusão*, que é a interação de uma pessoa. A popularidade, por exemplo, pode ser um comportamento inclusivo e não revelar qualquer afeição.

Desse modo:

- a *inclusão* revela uma situação de estar dentro ou fora do grupo;
- o *controle* refere-se a estar por cima ou por baixo em relação ao grupo;
- a *afeição* significa estar próximo ou afastado das pessoas no grupo.

REFLEXÃO

Covarde, ousado ou estrategista na negociação?

- o covarde pega as armas
- o ousado abre o peito
- o estrategista negocia e empreende
  - Mas há situações extremas!
  - Sim, para os que não têm visão estratégica, não acreditam na pessoa humana, nem têm autêntica convicção da paz, todas as situações são extremas e irreversíveis. Daí nasce a guerra...

9.1.2 CULTURA PRÓPRIA

Com o tempo, um grupo reunido desenvolve sentimentos, tradições, usos e costumes, ideias, crenças, enfim, uma cultura própria. Há um contrato psicoemocional entre seus membros, estabelecendo-se traços comuns que compõem a personalidade do grupo. Como defesa, desenvolvem-se o orgulho de participar e a intercomunicação de experiência – é o honroso e gratificante privilégio de pertencer ao grupo. Paulatinamente, vão sendo estabelecidas regras, algumas sagradas (procedimentos não formais que orientam o grupo).

A obediência às regras grupais é um forte condicionante à aceitação ou à rejeição de novas ideias.

O grupo informal desenvolve suas regras (acordos táticos de defesa mútua), e estas levam aos padrões estabelecidos (concepção do grupo), que, por sua vez, tendem a conduzir a padrões estabelecidos (concepção da segurança). Modificar a ordem gera temor.

O comportamento dos integrantes do grupo é condicionado por *concepções e atitudes.*

As *concepções* são formadas por:

- *princípios*: parte normativa;
- *conhecimento*: parte cognitiva;
- *necessidade*: parte afetiva.

As *atitudes* referem-se à maneira como se percebe a realidade e só podem ser explicitadas por meio do comportamento. A percepção para mudança é uma exigência básica para o administrador de hoje, do qual se espera, consequentemente, a habilidade em planejar mudanças. A sobrevivência depende de mudanças e a expansão, de mudanças inovadoras.

Cabe ao negociador manter-se atento a essas ideias, uma vez que ele é, em essência, um administrador de mudanças comportamentais. Seu propósito é levar pessoas e grupos a determinada direção, por meio de acordos. A situação de grupo, conduzida por conversações orientadas, é uma oportunidade ideal para revelar concepções e atitudes que elucidem comportamentos. A reunião tem valor diagnóstico e também terapêutico, pois permite compreensão e intervenção eficazes em relação aos comportamentos e às situações identificadas.

9.1.3 NECESSIDADES HUMANAS E RESISTÊNCIA

Sempre haverá algum tipo de resistência em função das diferenças pessoais, motivações, experiências, pontos de vista, crenças e estereótipos. O quadro geral das necessidades humanas e o modo mais significativo da satisfazê-las é o referencial mais significativo para montar estratégias individuais acerca das pessoas envolvidas.

Muito da resistência e do conflito resulta do mecanismo psicológico de frustração-agressão, proveniente de um estado de carência e insatisfação de necessidades humanas básicas.

O frustrado tende a agredir:

- ativamente:
  - sabotando;
  - reclamando;
  - provocando erros e prejuízos;
  - depredando;
  - produzindo o estritamente necessário.
- passivamente:
  - com desinteresse e desatualização;
  - com recusa à aprendizagem;
  - com atividade rotineira.

As motivações humanas sofrem modificações ao longo do tempo, aperfeiçoam-se, tornam-se mais exigentes e até mesmo dominadoras conforme as condições ambientais e a história de cada um. Todavia, há um quadro comum a todos os seres humanos, o qual foi muito bem delineado por A. Maslow,[1] universalmente conhecido como *hierarquização das necessidades humanas.* Segundo a visão dele, todas as teorias subsequentes reconhecem, adaptam ou enriquecem o perfil das necessidades humanas.

As motivações individuais são hierarquizadas por níveis de necessidades satisfeitas, assim, este é o princípio fundamental.

Alcançar algo que constituía um nível de necessidade faz que o homem se sinta motivado a ter uma nova categoria como meta. Desse modo, uma necessidade satisfeita não constitui mais fonte de motivação (o que não implica, obviamente, que a supressão do objeto de satisfação não redunde em desajustes na sua estrutura motivacional).

Os níveis de necessidades são interdependentes e sobrepostos, não significando que o indivíduo tenha de ver totalmente satisfeito um deles para aspirar a outro. Na verdade, o ser humano só consegue satisfazer as suas necessidades de forma parcial.

---

1 MASLOW, A. *Motivation and personality*. New York: Harper&Row, 1954.

A classificação das necessidades por níveis de importância crescente induz o ser humano à satisfação ascendente de novas necessidades, e à medida que as satisfaz o torna um ser caracteristicamente insaciável, sempre em busca de novas satisfações. Esse fato provoca no indivíduo um comportamento dinâmico e produtivo.

A hierarquização das necessidades, proposta por Maslow, serve de base como teoria motivacional para fundamentar os famosos estudos de Douglas McGregor[2] e os estilos de gerência, conhecidos por Teoria *X* e Teoria *Y*.

As necessidades são divididas em cinco: fisiológica, segurança material, social, ego e autorrealização.

- **Necessidades fisiológicas**. Fundamentais à sobrevivência humana: fome, repouso, abrigo.
- **Necessidades de segurança material**. Satisfeitas as primeiras, o ser humano passa a considerar as condições que lhe garantem segurança, ou seja: proteção de perigos, ameaças e privações. De acordo com Douglas McGregor:[3]

> É óbvio que, estando empregado numa relação dependente, as necessidades de segurança podem assumir considerável importância. Ações administrativas arbitrárias, comportamento que provoca incerteza em relação à continuidade do emprego ou que reflete favoritismo ou discriminação e a imprevisível administração de políticas podem ser fortes motivadores das necessidades de segurança na relação de emprego em todos os níveis, desde o operário até o vice-presidente.

Quando o homem não está em relação dependente, ainda segundo McGregor: "a necessidade é a melhor saída. Quando está confiante, está mais do que desejoso de assumir riscos".[4]

- **Necessidades sociais**. Razoavelmente satisfeitas as necessidades que garantem o seu bem-estar físico, os interesses humanos fixam-se em aspirações sociais: pertencer a um grupo, ser aceito, dar e receber amizade. Nasce daí o que se denomina *espírito de grupo*. Esse, quando bem considerado e conduzido, é um fator básico de êxito. Todavia, vários erros foram cometidos pelas chefias ao considerar a coesão grupal como prejudicial à liderança, uma vez que temiam hostilidades organizadas ao seu poder de comando.

2 McGREGOR,Douglas. *The human side of enterprise*. New York: McGraw-Hill, 1960.

3 McGREGOR, 1960.

4 McGREGOR, 1960.

Necessidades sociais contrariadas levam à resistência, ao antagonismo e à falta de cooperação.

- **Necessidades do ego.** Referem-se à autoestima, que é a necessidade de interdependência e de realização produtiva, competência e conhecimento, e ao prestígio, que configura necessidades de reconhecimento do mérito, de ser respeitado, de obter consideração e de se sentir válido.

Essas necessidades, assim como as necessidades sociais, constituem as faixas de maior preocupação das políticas sociais da empresa. Todavia, a organização do trabalho nem sempre permite o entendimento delas, mormente das necessidades do ego, que são crescentemente desejáveis à medida que são satisfeitas.

- **Necessidades de autorrealização.** Correspondem ao mais alto grau de motivação, pois representam a ânsia de crescimento e de autodesenvolvimento do ser humano; a realização de seu potencial criativo.

Essas necessidades, em geral, são pouco satisfeitas, já que as condições de vida levam os indivíduos a concentrar suas energias nas satisfações das necessidades de segurança material e social.

Procurar identificar e satisfazer as necessidades básicas dos envolvidos numa negociação é condição essencial para se chegar a acordos satisfatórios.

9.2 Acordo, decisão e dissonância cognitiva

Acordo é o produto de um processo decisório que segue determinados passos (Figura 9.1).

Ao ato de *decisão* costuma suceder o fenômeno de *dissonância cognitiva* (entendem-se por *cognições* os conhecimentos, as atitudes e os valores que se harmonizam na mente e se expressam coerentemente por meio das ações humanas; quando não ocorrem, há uma *dissonância*, a quebra da harmonia, gerando ansiedade).

O ato de decidir significa optar por uma alternativa e rejeitar as demais. Cada alternativa tem vantagens e desvantagens; feita a escolha, podem assomar ao espírito do decisor os méritos de outra opção, ao mesmo tempo que, por comparação, realçam-se os inconvenientes do objeto da decisão. Realiza-se, então, na mente do protagonista da decisão, um choque – a dissonância cognitiva – capaz de gerar sofrimento pelo estado de dúvida, pela suspeição de ludibrio, julgando-se enredado pela outra parte. Esse fenômeno pode sempre ocorrer depois de um acordo, com maior ou menor intensidade, dependendo da situação posterior.

Assim, logo após o acordo são noticiadas medidas governamentais afins ou pronunciamento de autoridades e líderes empresariais, em que são reforçados aspectos diferentes da matéria decidida, ou surgem boatos de novas medidas etc.; essa situação pode intensificar as dúvidas quanto à validade das decisões tomadas e levar ao surgimento de perigosas frustrações que comprometam negociações futuras.

FIGURA 9.1 Processo decisório para o acordo

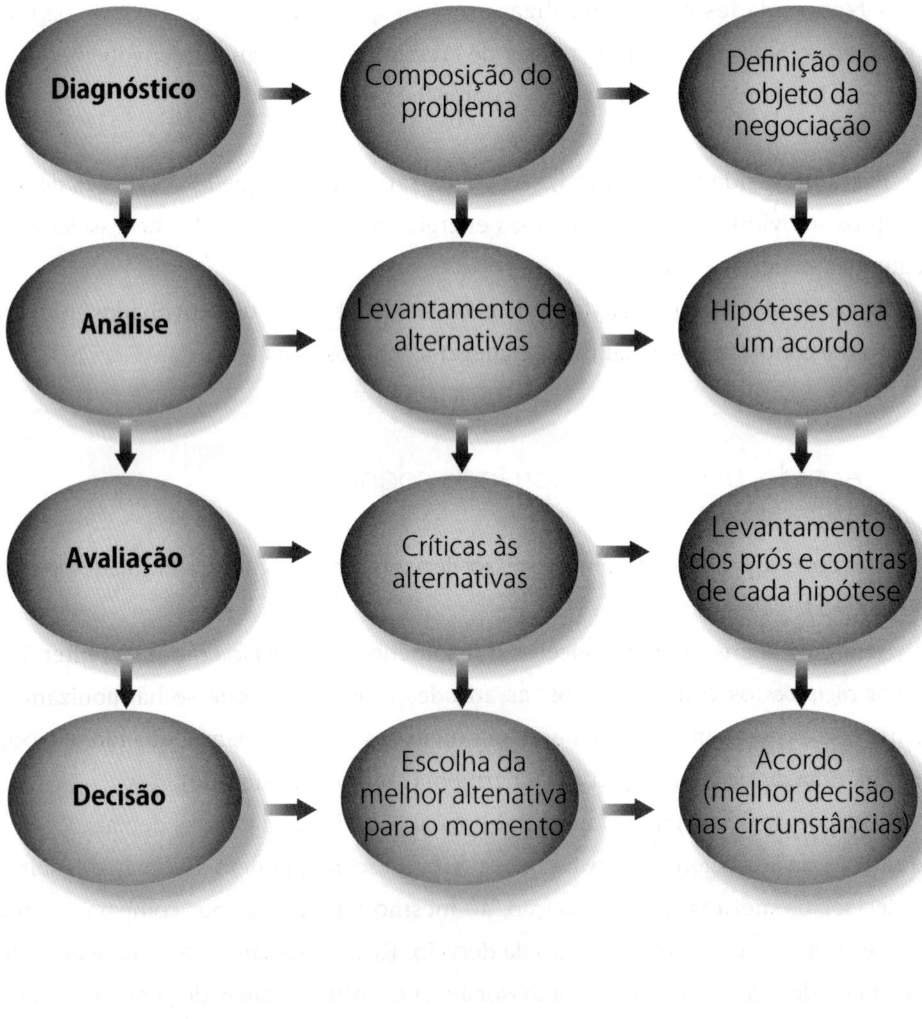

Para prevenir e evidenciar o problema da dissonância cognitiva, recomenda-se:

- reforçar os méritos, as vantagens, os benefícios da alternativa proposta, comparativamente às demais;
- minimizar as desvantagens, comparando-as com as das outras opções;
- manter, após o acordo, um processo vivo de comunicação, para prevenir e neutralizar qualquer notícia que não seja tranquilizadora.

NEGOCIANDO...

O ovo e a incapacidade de negociação

Os conflitos entre os dirigentes de uma empresa tornavam-se cada vez mais frequentes. O presidente sugeriu, então, que tivessem um encontro de reflexão com um consultor. Escolhido o profissional, este aconselhou que o evento fosse realizado em um fim de semana, em local aprazível, distante do centro urbano e silencioso. Assim foi feito. No dia marcado, estavam os diretores sentados em torno de uma mesa, aguardando o expositor, já atrasado em vinte minutos. Ao chegar, com os participantes inquietos, saudou-os e permaneceu em silêncio por um minuto. O clima beirava a irritação. Aí o consultor lançou a pergunta: "o que os motivou a esse encontro?" O grupo estava prestes a explodir, quando o presidente, visivelmente contrariado, interviu: "Viemos para refletir sobre nossa empresa e nossos comportamentos".

O consultor olhou atentamente os participantes por um momento e, calmamente, retirou do bolso um objeto e disse: "isto aqui é um ovo. Vou colocá-lo sobre a mesa e lhes dar a primeira tarefa: pensarem no que poderão fazer com ele. Agora, vou me retirar e, daqui a 20 minutos voltarei para saber o resultado".

Não se passaram cinco minutos e um dos participantes foi chamar o consultor, que surpreso, indaga: "já chegaram a alguma solução sobre o que fazer com o ovo?". "Já, disse o presidente irritado, resolvemos quebrá-lo em você!". O seminário acabou ali.

Três dias depois, o presidente recebeu uma encomenda em seu escritório. Era um ovo de madeira, e uma mensagem "como relatório," enviada pelo consultor, com a seguinte mensagem:

"O seminário foi uma excelente oportunidade para demonstrar dois erros gravíssimos, provavelmente os maiores problemas que afligem à diretoria:

1. Baixo nível de resistência à situações críticas;
2. Incapacidade de pensar estrategicamente e tomar decisões inteligentes".

A maior responsabilidade de um dirigente é refletir sobre a situação, avaliar os aspectos reais e subjetivos, a potencialidade de conflitos, as alternativas de intervir e a capacidade de negociar e tomar decisões eficazes.

A irreflexão e a impulsividade respondem por erros irreversíveis e agravamento de crises.

TREINAMENTO DE NEGOCIAÇÃO

EXPERIMENTO 10 | Conflitos por erros de negociação nas relações de trabalho

Objetivo

Levar os participantes a identificar, prevenir e resolver situações rotineiras de "não negociação" que ocorrem no trabalho e que comprometem o bom relacionamento e a produtividade.

Sequência

1. Proponha a leitura individual de cada caso descrito.
2. Os participantes devem dar respostas por escrito para as perguntas que estão no final de cada caso e responder, também, às seguintes questões:
   - qual é o traço comum identificável nos casos propostos?

- que recomendações faria para que melhorassem as negociações em sua organização?

3. Reúna os participantes em grupos e solicite que façam uma lista condensada das conclusões. Um relator de cada grupo deve ler a relação para todos os participantes.
4. Reúna os relatores para que façam uma lista conclusiva das recomendações originada das listas de cada grupo.

Descrição das situações (casos)

Caso 1

O gerente de promoção de vendas de uma empresa preparou um plano meticuloso de mercado que envolvia pesquisa, campanhas promocionais, relações públicas etc. O plano tinha sido elaborado pela equipe do departamento e os estudos duraram três meses. O plano remetido ao presidente da empresa foi mandado para o arquivo como "inoportuno", sem maiores explicações.

- Qual deverá ser a atitude do gerente de promoção de vendas diante do ocorrido?

Caso 2

O superintendente de uma empresa encomendou a um escritório técnico um plano para racionalização geral dos serviços da empresa. O trabalho apresentado pelos técnicos envolvia uma série de modificações na estrutura e reformulações em sua política de negócios. O diretor-superintendente considerou bom o plano. O diretor financeiro e o diretor de produção reagiram com desconforto. O pessoal, grosso modo, não demonstrou entusiasmo e até dificultou a execução do plano.

Como explicar essa situação?

- Que providências deveriam ter sido tomadas?

Caso 3

Gonçalves é tecnicamente competente e criativo. Todavia, chega sempre atrasado. Seu chefe é do tipo autocrata e não perdoa seus atrasos; além de descontá-los, recrimina-o o tempo todo. Certo dia, ao chegar ao trabalho, Gonçalves surpreendeu-se com sua transferência para uma seção de menor importância funcional, na qual foi recebido com indisfarçável contragosto por seu novo chefe. Dez dias depois, Gonçalves foi demitido por indisciplina e ineficiência.

- Como você analisa essa situação?

Caso 4

Em uma empresa, são constantes os atritos entre empregados e entre estes e seus chefes. O superintendente, desejando acabar com essa situação, contratou um escritório de consultoria que realizou vários programas de treinamento comportamental, tecnicamente de boa qualidade, mas a situação não melhorou.

- Quais as causas prováveis e o que fazer?

Caso 5

O gerente precisava tomar imediatamente uma medida que envolvesse o interesse e o compromisso da equipe em um projeto de reestruturação. Pensou em promover uma reunião prévia de consulta. Todavia, julgando a urgência da matéria, tomou a decisão e só depois reuniu o pessoal para comunicar. Houve descontentamento geral e protestos. O gerente afirmou que as providências tinham de ser cumpridas de qualquer maneira, invocando questões de autoridade e disciplina.

- Como analisar a atitude do gerente?

Caso 6

Cinco diretores concorriam à vaga de vice-presidente de uma grande empresa. Há muitos anos aspiravam a essa oportunidade, o que os colocava em estado de competição permanente.

O presidente, indeciso na escolha, reuniu-os para comunicar: "Como sabem, venho preparando meu filho como futuro sucessor. Embora muito moço, julgo que sua experiência, como subgerente em nossa sucursal no exterior, já o credencia a um teste de alta responsabilidade como esse. Estou certo da compreensão e da habitual colaboração de vocês...".

- Que reações se pode esperar em decorrência da frustração dos diretores que não foram escolhidos?

Caso 7

O diretor-superintendente irritou-se ao verificar que circulavam entre os operários panfletos do sindicato convocando à assembleia que decidiria sobre a greve, prevista para a próxima semana. Inquiriu o gerente de pessoal sobre providências. Esse respondeu que era sua intenção demitir o funcionário que acreditava ser o líder da campanha grevista na empresa e não ocupava cargo diretivo no sindicato.

Retruca o diretor: "Já deveria ter feito isso há muito tempo...".

- Como definir a situação?

10 Sexto passo: a reabordagem

10.1 Introdução

Negociações eficazes são o resultado de um processo permanente de liderança no trabalho. Portanto, é preciso considerar que a integração não é uma técnica, mas uma filosofia de administração. Ela envolve um sistema formador de cultura, crenças, valores, princípios e resulta de um processo permanente e enriquecedor de entendimentos ao longo da existência. É a tradição que emprestará confiabilidade ao processo, reunindo as pessoas para o acerto de ideias e sentimentos; é um trabalho de liderança, de líderes integrados por uma causa comum.

A falta de uma definição clara sobre as políticas emanadas dos órgãos diretivos aliada à falta de informações quanto às decisões de interesse geral provoca inseguranças e suspeições que geram atitudes defensivas. Desse modo, a cultura e a tradição institucionais não se desenvolvem, o que não permite a continuidade nos credos e nos princípios de ação. O que prevalece é o conflito.

Os conflitos latentes, se não são explicitados, deterioram o clima organizacional. As pessoas, divididas por ressentimentos, discriminações, antagonismos e tratamento meramente formal, reagem com lamúrias, atritos, indiferença, negativismo, passividade ou agressividade. Impera o individualismo, cada qual voltado para interesses exclusivistas: seus, da tarefa que realizam ou, quando muito, do seu setor. Daí geram-se as ilhas organizacionais, a organização fragmentária.

Não havendo trabalho em equipe, não há massa crítica e, por conseguinte, reações adequadas às mudanças. Falta de consistência interna leva a atuações externas incoerentes, assistêmicas, improvisadas e, frequentemente, inoportunas. A ação ocorre sob pressão, na linha puramente de correção. Buscam-se ajustes críticos e não adaptações inovadoras, como seria o desejável numa situação normal de diagnóstico para intervenção. Falta à gerência a imprescindível habilidade de perceber mudanças e a visão estratégica para oferecer respostas imediatas e incisivas.

Outro grave erro estratégico é a habitual utilização indiscriminada da publicidade e das relações públicas na tentativa de fabricar uma imagem para a empresa, gerando, com isso, uma máscara institucional. Isso se faz, igualmente, ao se utilizar a arquitetura tentando-se esconder velhas mazelas organizacionais com prédios suntuosos e vistosas roupagens de interiores.

Essas imagens caricaturais – fruto de promessas insinuadas e não correspondidas – explicam frustrações e fracassos e, como resposta, o fenômeno das crises sucessivas. A verdadeira imagem da empresa resulta da qualidade dos serviços prestados. A falta de autenticidade institucional é o indicador mais expressivo da falência das lideranças, levando ao imediatismo, à produção a qualquer preço e aos métodos coercitivos para obter obediência, na base motivacional do medo. Gera-se, assim, o clima da não conversação e da improdutividade.

REFLEXÃO

A educação empresarial – a renovação contínua das organizações por nós defendida – tem na negociação um dos seus capítulos mais expressivos.

A liderança estratégica consiste em realizar o que outros julgavam impossível, seja por ignorância ou bloqueio mental, condicionada pela atitude reativa, não reflexiva.

NEGOCIANDO...

O desafio do macaco e a estratégia do jabuti

Transcorria animada a assembleia dos bichos quando a lebre pede a palavra:

— Cansei-me de ser estigmatizada como negligente e leviana por perder a competição para o jabuti. Está certo que falhei, mas mereço uma chance: desafio o jabuti a uma nova prova.

O macaco que presidia a sessão foi decisivo:

— A peleja foi leal e o resultado é irrecorrível! A não ser que o jabuti concorde.

Todos os olhares convergem para o jabuti que, cabisbaixo e humilde, apenas balbucia:

— Seja feita a vontade da lebre.

Esta, exultante, propõe:

— Veja aquela árvore. Quem atingir seu topo ganha a prova.

E com empáfia e ironia:

— Deixo ao jabuti a primazia da tentativa.

A surpresa foi geral:

— Nem a lebre, nem muito menos o jabuti são capazes de subir em árvore!

Mas a lebre, marota, já tinha seu estratagema. O pico da árvore, uma amendoeira, estava ao nível de um morro e um de seus galhos quase atingia sua superfície. Com um pequeno e seguro pulo atingiria facilmente o topo da árvore, o que seria impossível ao jabuti, incapaz de pular.

A prova, marcada para três dias depois, gerou uma ansiosa expectativa na bicharada. A lebre circulava exultante e galhofeira:

— Vou transformar o jabuti em picadinho!

O jabuti postou-se impassível diante da árvore, sendo interpretado por alguns como a estudá-la e, para outros, como em atitude de contemplação apopléctica e mudo desespero.

Findo o segundo dia, o jabuti rompeu o mutismo e solicitou uma reunião com alguns amigos: o macaco, o elefante e a águia, para expor a situação e, em equipe, montar sua estratégia.

Disse:

— Descobri qual a artimanha da lebre em usar o morro e o galho da árvore, mas com a ajuda de vocês conseguiremos vencê-la.

E expôs seu plano: o elefante, com sua tromba, colocaria o jabuti no primeiro tronco da árvore; a águia convocaria suas colegas para inverterem os galhos, de modo a alavancarem o jabuti até o topo, onde o macaco o ampararia, e finalmente a águia manteria o galho recolhido, para evitar que este desse acesso à lebre.

Ao chegar a hora, assim foi feito com sucesso. Venceram *o pensamento* e *a ação estratégicos* e o trabalho em equipe.

A lebre assistiu a tudo estarrecida.

Com o galho da amendoeira recolhido, ficou sem sustentação para o seu planejado salto.

Enquanto a bicharada aplaudia em delírio a astúcia e a visão estratégica do jabuti, a lebre desce a ladeira humilhada, e ao encontrar-se com a rã, comenta:

— Viu como eles trapaceiam?

Ser negociador estrategista é ter a percepção do todo, enxergar além do convencional, conversar, consensar e agir prontamente.

Os fracassados sempre racionalizam seus fracassos.

10.2 Estabelecimento do "nós" permanente

As Tabelas 10.1 e 10.2 sintetizam os aspectos relacionados à administração do conflito. A primeira aborda as concepções moderna e antiga, e a segunda, situações típicas.

TABELA 10.1 Concepções sobre o conflito

ANTIGAMENTE	ATUALMENTE
O conflito era indesejável, evitado e, até mesmo, ignorado: vigorava "o horror" ao conflito. A educação estimulava valores anticonflito, como a paz, a tranquilidade, a felicidade, dentro de uma concepção muito mais ideal do que real.	O conflito é compreendido dentro de uma filosofia integracionista: é uma necessidade para inovações e renovação. A organização é um conjunto de comportamentos inter-relacionados, em que as pessoas desempenham papéis.
Qualquer perturbação na ordem era suprimida como indesejável.	No processo de resolver problemas, novos problemas são criados e a experiência obtida na decisão contribui para a busca de novas soluções.
Prevalecia o modelo burocrático, estabelecendo um sistema de poder estatutário com ênfase nos aspectos formais: • precisão na definição dos cargos com base na autoridade e responsabilidade rígida; • procedimentos definidos por escrito: a todo cargo correspondem funções, perfeitamente definidas ("quem faz o quê?"); • estilo paternalista e coercitivo; • sistema de informação definido e determinado.	Estímulo ao conflito funcional, que pressupõe uma insatisfação sadia como motivo de mudança por meio do conflito funcional: • buscam-se a criatividade, a motivação e o desenvolvimento; • as diferenças (conflitos) estão entre ideias e não entre pessoas; • a competição visa superar padrões convencionais e não é fruto de uma ambição individualista; • provocam-se transformações e progresso; • há necessidade de autoaperfeiçoamento constante e organizações flexíveis.

De acordo com a perspectiva da Tabela 10.1 esperam-se dos administradores habilidade política para a negociação e o uso correto do poder.

TABELA 10.2 Situações e atitudes típicas em relação ao conflito

SITUAÇÃO GANHAR × PERDER	SITUAÇÃO GANHAR/GANHAR
É a situação típica da competição predatória, tão comum e tão destrutiva em termos de moral de equipe	É a situação desejável em que todos têm algum benefício no processo de negociação
Combate ao inimigo	Compreensão mútua
Sentimento de perda	Sentimento de ganho
Há satisfação de uns em detrimento de outros	Há a busca de soluções aceitáveis para ambas as partes. As diferenças são absorvidas
A liderança é exercida por quem apresenta maior agressividade	A liderança é democrática, consentida
Sentimento de rejeição	Sentimento de cooperação
No acordo são considerados apenas os interesses de cada um, não há concessões	Os interesses de cada um, isoladamente, são rejeitados. As concessões são aceitas livremente em função do acordo negociado
Ambiente de tensão constante: falta de integração interpessoal e intergrupal	Ambiente de confiança, o que facilita as negociações por meio da integração e da cooperação
Mobiliza forças destrutivas na ansiedade de vencer × vencer a qualquer preço	Motiva forças cooperativas visando ao ganhar × ganhar

continua

continuação

Em época de restrições orçamentárias cada um procura resguardar seus interesses e obter as melhores vantagens sem se preocupar com os objetivos finais	Utiliza modernos princípios de motivação aproveitando totalmente a potencialidade dos recursos humanos
O importante é vencer, mesmo com o sacrifício da organização	O importante é que todos ganhem

REFLEXÃO

O exercício da mesa de negociação para as mais variadas situações, desde os objetivos maiores – mesmo a aplicação dos valores da filosofia empresarial – até o acordo das práticas operacionais no nível dos supervisores de linha vai criar a cultura participativa, que possibilita a prática real da negociação. Sem exagero, está aí o segredo de uma organização em renovação contínua e com produtividade crescente.

10.3 Conclusão

A organização pode ser força impulsionadora ou uma camisa-de-força, e o modelo organizacional funciona como fator positivo ou restritivo à negociação.

A burocracia, em geral, pelos seus pressupostos, atua como mecanismo inibidor. O esforço de desburocratização, por meio da busca de estilos gerenciais, estratégias e estruturas flexíveis que demandem atitudes e comportamentos participativos, sinérgicos, é a providência indicada para o estímulo a uma cultura aberta, na qual a negociação é uma prática naturalmente exercida.

De toda essa síntese resulta evidente a importância prioritária da integração e do desenvolvimento gerencial para a realização de um processo permanente de negociações eficazes.

A real implantação da democracia no trabalho, por seu turno, é o resultado da educação gerencial permanente como programa de empresa.

Reabordagem, como fase de alcance do ciclo dinâmico da negociação, representa a atitude e o comportamento empresariais de abertura a uma conversação constante e a um entendimento espontâneo em torno de verdades comuns.

Para reforçar o conceito dos seis passos dinâmicos da metodologia da negociação, repetimos a seguir a ilustração com a qual iniciamos a discussão desse tema.

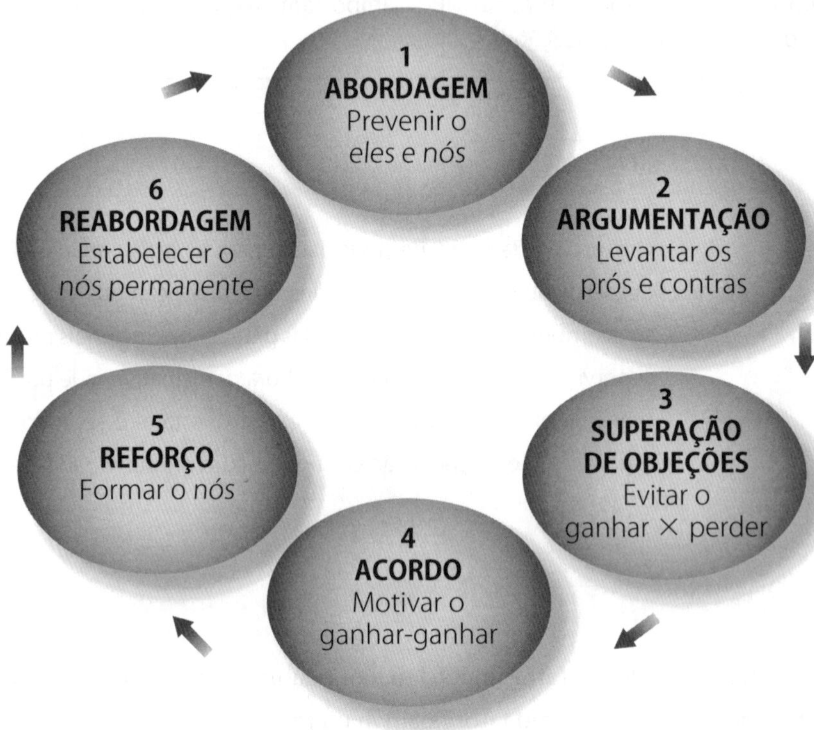

NEGOCIANDO...

Negociação, Criatividade e Inovação

Negociação é o recurso eficaz para se trabalhar coletivamente o novo, por meio das práticas do diálogo e do consenso. É através de participação e da aceitação negociada que se desenvolve a cultura da criatividade e da inovação.

Paradoxo do novo:

Criatividade, sem inovação.

é a perola encerrada na ostra.

Inovação, sem criatividade.

é a perola comprável no balcão de loja.

Que é ser criativo?

Criatividade é dom natural e princípio vital – estar vivo significa reinventar-se o tempo todo para exercer influência com qualidade.

Quanto mais adaptável, criativo, inovador maior a capacidade de sobrevivência – realizar e realizar-se.

PENSE: ser criativo implica aceitação de que o ser humano se renova ou se torna obsoleto e descartável. Uma questão, portanto, de opção numa sociedade em mudança acelerada.

Que é ser inovador?

Inovação significa capacidade de transformar pensamento criativo em aplicação prática.

Inovação é atitude, definida como a percepção da oportunidade em atuar criativamente na solução de problemas. Nesse sentido, inovação é a resposta criativa aos desafios da vida.

Criatividade e inovação nos desafiam continuamente às situações críticas e ao imperativo de singularidade de que se reveste nossa competência. Significa dar sentido à marca pessoal, ao carisma, ao prestígio, à identidade. A atitude do negociador, a maneira como afirma sua presença transformadora implica habilidade em ser aceito como alguém que tem sempre uma contribuição incomum e enriquecedora a prestar.

PENSE: esse perfil é educável, pode ser desenvolvido através de treinamento?

TREINAMENTO DE NEGOCIAÇÃO

EXPERIMENTO 11 | Delegação de autoridade e negociação (I): o uso inadequado da delegação de autoridade como causa de conflito no trabalho

Objetivo

Demonstrar objetivamente que a ocorrência de boas negociações na empresa é consequência de um clima administrativo salutar, e que este resulta de políticas e práticas gerenciais adequadas. Entre elas, desponta a delegação como principal instrumento de gestão.

Justificativa

Negociação implica clima receptivo, aberto e participativo, pessoas e estruturas em desenvolvimento harmônico.

Não pode haver negociação sem uma saudável política administrativa que estimule o espírito cooperativo por meio das verdades comuns.

A delegação de autoridade é o instrumento de gestão por excelência, que cria as condições de autorrenovação organizacional por meio do desenvolvimento dos recursos humanos. O uso inadequado gera o clima de sistema fechado, potencialmente deteriorável, tenso e conflituoso, daí a importância em testar as gerências sobre a matéria.

Sequência

1. Proponha às gerências a leitura do item E10.1 – Delegação: pressupostos conceituais.
2. Crie grupos de discussão com relatores.
3. Em plenário, cada relator apresenta as conclusões dos grupos.
4. O coordenador faz a síntese e conclui com ponderações de reforço.

Principais questionamentos que devem ser feitos para orientar o experimento

1. Pense na realidade da empresa em termos de delegação. Reveja casos e situações que ilustrem aspectos positivos e negativos. Pense em como estimular e desenvolver os primeiros e corrigir os segundos. Avalie:
   - A delegação é uma prática habitual?
   - É estimulada?
   - Há clima propício?
   - Os erros são punidos sem um exame mais profundo?
   - Valoriza-se a participação criativa por meio de relacionamentos concretos?
2. Verifique se as delegações que você, em geral, recebe se enquadram nos pré-requisitos para que elas ocorram adequadamente e se as delegações que você transmite a seus auxiliares também estão de acordo com eles. Tais pré-requisitos são:
   - aceitação da responsabilidade;
   - a pessoa que recebe a delegação deve ser habilitada;
   - a comunicação não deve suscitar dúvidas;
   - devem existir condições adequadas;
   - a gerência deve acompanhar o processo.
3. Com que frequência ocorrem as situações descritas a seguir na empresa e em seu setor de trabalho? Se elas ocorrem, o que fazer para corrigi-las?
   - Em geral, na prática, confunde-se delegação de autoridade com:
   - *divisão do trabalho*: ao atribuir a cada funcionário um papel e encargos específicos pensa-se estar delegando;
   - *ordem de serviço*: ao determinar tarefas ou exigir obediência na prestação de serviços muitos acreditam estar delegando;
   - *atribuição de responsabilidade, mas sem autoridade*: infelizmente, é muito mais comum do que se admite. Uma série de encargos é estabelecida e iniciativas são cobradas sem que se tenha poder para a tomada de decisão.
4. Muitas chefias racionalizam sua postura centralizadora e mesmo suas atitudes autocráticas afirmando:
   - não tenho a quem delegar, minha equipe é muito fraca.
     Atitude: "só eu sei fazer".

- não há clima para a delegação na empresa, não posso correr o risco de ter de assumir os erros dos outros.
  Atitude: "eles, os superiores, não perdoam".
- o pessoal, atualmente, não quer nada.
  Atitude: "se eu não fizer, ninguém faz".

5. Pense detidamente em cada uma das situações que seguem; comente cada uma e os conflitos que elas geram, procurando compará-las com casos ocorridos na empresa; apresente sugestões para corrigir e evitar as situações de erros de delegação que foram apresentadas dentro de uma estratégia de negociação no trabalho:
   - delegar atribuições a quem já está sobrecarregado;
   - delegações imprecisas e indefinição de responsabilidades;
   - delegações aparentes; o chefe decide sempre;
   - delegação a mais de um subordinado;
   - delegação a subordinados de outros chefes;
   - delegação a subordinados dos chefes imediatos;
   - delegar sem segurança quanto à capacidade do delegado;
   - delegar apenas tarefas desagradáveis;
   - delegar como quem se exime da responsabilidade;
   - delegar em excesso e sem controle.

As atitudes descritas são habituais entre as gerências na empresa?

Pragmaticamente, qual programa educativo e de negociação para desenvolver atitudes positivas à delegação é aconselhado?

E11.1 Delegação: pressupostos conceituais

A delegação de autoridade é o instrumento gerencial por excelência. Por intermédio de seu exercício racional tanto a equipe como a gerência crescem. É o meio pelo qual cada um, em função de sua capacidade e de seu potencial, em desenvolvimento, vai assumindo responsabilidades crescentes, tomando iniciativas, agindo com criatividade e decidindo. Desse modo, a gerência estende seu poder extrapolando os limites de sua competência individual.

Associada a outro instrumento eficaz de gerência, que é a técnica de trabalho em equipe, a reunião, a delegação corresponde à explicitação da lei de complementaridade, em que cada um contribui com suas forças para o fortalecimento do grupo.

Uma equipe forte, integrada e coesa é o resultado de uma gerência esclarecida, capaz de despertar motivações, desenvolver capacidades, estimular a criatividade, a inovação e o exercício sistemático da negociação.

O processo é a atividade em equipe, com um sentido eminentemente pedagógico, em que a cooperação e a busca do consenso pela ênfase nas verdades comuns superam o ímpeto competitivo que divide, restringe e enfraquece a força do grupo.

O uso da delegação pela gerência significa investir nas forças e não nas fraquezas individuais; significa acreditar na pessoa, em sua capacidade de motivação e autodesenvolvimento. Significa crer em valores como liberdade e responsabilidade, autodireção e autocontrole, numa sociedade autorrenovável, pela contribuição espontânea, criativa, responsável, administrada pelo estilo participativo-democrático.

EXPERIMENTO 12 | Delegação de autoridade e negociação (II): erros de delegação que revelam situações em que não há negociação

Objetivo

Aprofundar e reforçar a consciência quanto à importância da delegação de autoridade para o desenvolvimento e maturidade profissionais, indispensáveis à eficácia do processo de negociação.

Sequência

1. Leitura e discussão em grupo do caso proposto no item E11.2 – A má comunicação liquidou a sucursal e o gerente.
2. Os grupos devem promover:
   - a análise da situação;
   - a identificação das forças positivas e negativas atuantes no caso;

- uma lista com os problemas de delegação que ocorrem na empresa em que os grupos trabalham.

E12.1 Principais questionamentos a fazer para orientar o experimento

1. Quais as falhas essenciais de comunicação observáveis no caso?
2. Como interpretar as atitudes descritas no caso de J. Roquette e André Rey?
3. Como estava o clima social na empresa?
4. Como você analisaria a situação relatada no caso quanto à negociação, especificamente?
5. Quais as providências básicas para estabelecer uma comunicação e uma negociação eficazes na empresa citada no caso?
6. Finalmente, analise:
   - os erros de delegação cometidos;
   - os erros no processo de negociação na empresa;
   - como corrigi-los com vistas a situações futuras?

E12.2 Caso: A má comunicação liquidou a sucursal e o gerente

Como entraria em férias, André Rey procurou o presidente J. Roquette para as despedidas convencionais. Este, ao ser informado de que Rey viajaria para sua terra natal, Vista Alegre, animou-se:

Muito boa a coincidência, devemos instalar lá nossa próxima sucursal. Você poderia, sem prejuízo de suas férias, é claro, fazer algumas abordagens locais a respeito da próxima inauguração de nossa filial.

André Rey, que era chefe do departamento de material, ficou entusiasmado, revelando que seu pai era, já há muitos anos, o chefe político mais influente da cidade e que o prefeito e as principais personalidades locais eram seus amigos.

Dada a receptividade, Roquette revelou que, embora ainda não tivesse recebido os estudos preliminares do departamento de marketing, estava praticamente acertada a decisão. Dependia apenas da escolha do ponto, da seleção do gerente e de definir a estratégia local de marketing. Insinuou, então, que Rey examinasse, evidentemente sem compromisso, o assunto e apresentasse algumas sugestões.

Uma semana depois, o departamento de marketing conclui, em um longo estudo, que a cidade para a sede da nova sucursal deveria ser Monte Azul e não Vista Alegre, pois a primeira, além de ser praça nova em extraordinário surto de crescimento industrial, seria dentro em breve, de acordo com previsões confiáveis, a nova sede do governo estadual. Ao lado disso, Vista Alegre já demonstrava sinais evidentes de mercado saturado.

Só conviria, no caso, manter-se a representação já existente e que, por sinal, vinha apresentando resultados estacionários. Os números apresentados no estudo não deixavam margem para dúvidas.

A decisão foi imediatamente tomada com a designação dos gerentes de marketing e comercial para acertar as primeiras providências numa ida a Monte Azul. "Afinal, não houve nenhuma manifestação pública quanto à preferência anterior por Vista Alegre", conclui Roquette.

O gerente de marketing lembrou a J. Roquette que dois dias antes, recebera uma correspondência de André Rey, encaminhada pelo presidente, com algumas consultas sobre providências quanto à instalação em Vista Alegre, o que chegara a estranhar, pois ignorava que Rey estivesse tratando do assunto. J. Roquette rebateu dizendo que não se preocupasse com o fato. Explicou que se tratava somente de uma colaboração espontânea, já que, na hipótese de se optar por Vista Alegre, a participação de Rey poderia vir a ser válida em função de seus relacionamentos locais.

Confessou que não lera a carta de Rey, pois, dado o excesso de afazeres nos últimos dias, preferira entregá-la ao exame prévio do departamento de marketing. Pediu-lhe que devolvesse a carta e afirmou que telefonaria a Rey.

No dia seguinte, em seu gabinete, quando ia recebendo a visita de um líder empresarial de Monte Azul, trazido pelo gerente comercial, Roquette é avisado de que Rey estava aflito e insistente ao telefone, pedindo que o atendesse urgentemente. Mas ele responde que retonaria a ligação depois.

Ao final da tarde, em meio a uma reunião com fornecedores, a secretária anuncia a Roquette que Rey estava na antessala, muito nervoso, desejando falar-lhe. Ele fica surpreso e demonstra irritação e pede que aguarde o término da reunião, que está para ser concluída. Uma hora depois o recebe.

Procura dar-lhe explicações convencionais, dizendo que compreende sua perplexidade, que houve falha de comunicação, mas que os estudos de marketing não lhe deixaram outra alternativa senão mudar de tática, tornando inevitável a mudança.

Rey argumentou que soube da reformulação pelos jornais e que a repercussão em Vista Alegre foi péssima, pois Monte Azul é uma cidade tradicionalmente rival. Como exemplo expressivo, apontou o fato de o representante da companhia em Vista Alegre ter afirmado, numa reunião da Associação Comercial, que, se o fato se confirmasse, passaria para a empresa concorrente, que há algum tempo vinha lhe fazendo propostas.

Na carta que escrevera a Roquette e que ficara sem resposta, havia informado que vinha obtendo excelentes resultados em seus contatos, tendo conseguido prioridade absoluta para a aquisição, em condições excepcionais, do considerado "melhor ponto comercial de Vista Alegre". Praticamente já escolhera um ótimo candidato a gerente, um profissional experiente, com conceito estabelecido no meio, além de promessas concretas de cobertura oficial para o negócio.

Lembrou a Roquette que foi adiante em suas explorações porque em ligação telefônica, embora rápida (de quatro ou cinco telefonemas em que não conseguira falar com ele sempre em reunião), foi incentivado por ele para prosseguir nos contatos.

Por fim, Rey via-se diante das alternativas: pedir demissão, como lhe ordenava sua indignação interior, ou "engolir calado", aceitando as justificativas de Roquette. Optou pela última, pesando em sua decisão os 25 anos de empresa, sua idade, 58 anos, e sua pouca disposição em enfrentar o mercado de trabalho.

Rey teve que se defrontar com outro desconforto: a opinião unânime, embora não explicitada, de seus colegas de que deveria ter se demitido.

Quanto à sucursal, a situação se complicou e nem a filial de Vista Alegre nem a de Monte Azul foram inauguradas.

E agora?!

Energia represada na alma

Você certamente conhece o fenômeno que ocorre com o elefante no circo, capaz de demonstrações de força incríveis, durante o espetáculo, mas totalmente tolhido por uma tênue corrente, presa a uma pequena estaca. Por que o elefante não foge, se ele seria capaz de demover uma tonelada? O elefante acomodou-se porque acha que não pode. Foi isso o que aprendeu, quando, ainda criança, amarraram-no em uma estaca semelhante e ele tentou exaustivamente libertar-se, até convencer-se de sua impossibilidade. Hoje, para que se liberte dos grilhões do condicionamento negativo é necessário um poderoso estímulo, que faça que ele acredite: eu posso!

Negociação é atitude de autoconfiança e coragem em estabelecer vínculos.

Só damos um passo à frente quando assumimos compromisso, definimos o caminho, preparamo-nos para caminhar, escolhemos parceiros leais e caminhamos com determinação.

Liberando, pela educação, forças represadas:
TODOS SÃO LÍDERES
TODOS SÃO CLIENTES
TODOS NEGOCIAM,

o tempo todo.
NESSE SENTIDO,

HÁ CONVIVÊNCIA PACÍFICA,
POIS HÁ PARTICIPAÇÃO,
HÁ DIÁLOGO,
HÁ CONSENSO
HÁ DECISÃO
HÁ RENOVAÇÃO.

E a negociação se torna a estratégia imprescindível.